少年趣读漫画经济

生活经济学

吕晖 隋林汐◎编著

中国旅游出版社

选题策划：超美文化
责任编辑：胡一鸣
责任印制：冯冬青
插图制作：澜星纪元
装帧设计：天下书装

图书在版编目（CIP）数据

生活经济学 / 吕晖，隋林汐编著. — 北京：中国旅游出版社，2025. 1. —（少年趣读漫画经济学）.
ISBN 978-7-5032-7453-4

Ⅰ. F0-49

中国国家版本馆 CIP 数据核字第 2024R6X157 号

书　　名：少年趣读漫画经济学・生活经济学

作　　者：吕晖　隋林汐　编著
出版发行：中国旅游出版社
（北京静安东里 6 号　邮编：100028）
http://www.cttp.net.cn　E-mail: cttp@mct.gov.cn
营销中心电话：010-57377103　010-57377106
读者服务部电话：010-57377107
排　　版：澜星纪元
经　　销：全国各地新华书店
印　　刷：三河市腾飞印务有限公司
版　　次：2025 年 1 月第 1 版　2025 年 1 月第 1 次印刷
开　　本：710 毫米×1000 毫米　1/16
印　　张：21
字　　数：23 千
定　　价：120.00 元（全 6 册）
ISBN 978-7-5032-7453-4

前言

本书共6册，分别为《家庭经济学》《生活经济学》《校园经济学》《社会经济学》《商场经济学》《理财经济学》，主要面向的读者群体为高年级小学生、初中生。

本书最大的特点就是贴近学生的阅读习惯，兼具趣味性、可读性和专业性，采用通俗易懂的语言和生动有趣的宫格漫画相结合的形式，表述方式活泼生动、易于理解，带领孩子走近经济学。

书中呈现了大量经济史上的关键人物、典型原理、经济学思维等与学生生活紧密联系的例子，不仅使货币、理财、通货膨胀、通货紧缩、成本思维、折现思维等专业的经济学内容利于理解，还有积分等经济学方法，让学生能够学习实用的经济学知识，重塑对财富、经营、理财等的认识。

书中还融入了投资、理财、决策等多种策略，让学生发现有时“时间成本比金钱成本更昂贵”，从而学会在学习、生活中做出“最优选择”。书中也介绍了商店的各种吸引顾客的方式，使学生真切领悟智慧经营背后的原理，从而学以致用，培养理性消费的习惯。

目录

人物介绍

姓名：田甜　性别：女
年龄：10 岁
性格特点：开朗，乐观，充满活力，善于表达自己的需求和想法。

姓名：乐乐　性别：男
年龄：10 岁
性格特点：善良，热心，有责任心，善于发现问题并乐于思考。

姓名：唐欣　性别：女
年龄：10 岁
性格特点：活泼开朗，喜欢追求时尚，有主见，敢于表达自己的想法和感受。

姓名：吴迪　性别：男
年龄：10 岁
性格特点：好奇心强，善于思考，有责任心和团队精神。

工资上涨，快乐为何缺席？

“孩子们，爸爸涨工资啦，说说你们想要什么礼物！”

“哇！”全家人不约而同地欢呼起来。

“我想给我的布娃娃买一套节日套装！”唐欣抱着布娃娃说。

“我最想要新款鲁班锁！”弟弟眉飞色舞地说。

全家人兴高采烈地讨论起来。

而就在上个月，妈妈也刚刚涨了工资。

大家来到商场，商店前人潮涌动，人们兴奋地挑选商品，脸上洋溢着满足的笑容。

"下周才能发工资，怎么生活费就没有了？"妈妈有点儿纳闷。

"妈妈，我刚想说，我饭卡里的钱不够了……"唐欣小心翼翼地说。

妈妈拿起账本，发现大多数商品都在悄悄地涨价，远远超过了夫妻两人工资的涨幅。

"本来以为，爸爸和妈妈都涨工资了，我们的生活会更富裕，怎么工资涨了，还不够花呢？"唐欣很郁闷，不由得跟好朋友田甜吐槽起来。

"就是呢，我奶奶每天都在精打细算，退休工资却只能勉强应付基本生活。我的零花钱没变化，但是能买到的东西越来越少了。"田甜郁闷地说。

案例中的经济学智慧

爸爸工资上涨，快乐却缺席，这归因于经济学概念——通货膨胀。它是指在一定时期内，因流通中的货币数量超过实际经济的需要而引起的货币贬值和物价水平的上涨，即“钱不值钱”。当家中经济活动出现“小高潮”，比如爸爸涨工资，虽看似钱多了，可去市场却发现能够买到的商品变少了。

随着购买力“悄悄溜走”，钱变得越来越不够花。通货膨胀形成“怪圈”，初觉富有，但商品价格越来越高，购买同样物品需付出更多金钱，实际购买能力未必增加甚至可能下降。

经济学小课堂

生活中常有这种情况，去年 10 元能买 5 个冰激凌，今年只能买 3 个，这可用“通货膨胀”解释。其特征是物价普涨、购买力下降。它对经济影响有双重性，适度可刺激增长，过度会导致经济不稳定。

更多的经济学应用

通货膨胀产生的原因其实挺简单的。比如，如果政府印了太多钱，而商品和服务没增加，物价就会上涨。当大家都想买某样东西时，如果这个商品的数量不够，价格就会变高。甚至其他国家物价上涨也会影响我们。

控制好钱包

政府像个聪明的管家，时刻注意着我们的钱袋子，不让钱增长太快。这样我们手里的钱就不会贬值太快，买东西时就不会太贵啦！

鼓励多生产

政府会鼓励大家多生产好玩的玩具、好吃的零食和有用的东西。这样，虽然钱多了，但商品也多了，我们就不会觉得没有东西可买啦！

建立魔法仓库

政府还有一个超级厉害的"魔法仓库"，里面放满了储备物资。储备物资仅限极少的商品，如大米、小麦等。

为何宁愿倒掉牛奶也不肯降价？

“妈妈，快看，绿油油的田野上，一群奶牛在自由自在地吃草，这幅画面好美呀！”唐欣指着电视里的画面说。

这时画面一转，几个工人正把牛奶倒入河中。

“哎呀！外国牛奶厂的老板疯了吧？怎么让工人把牛奶倒掉？”唐欣难以置信地问妈妈。

“啧啧，确实是把牛奶倒入河里了……”妈妈感到很惋惜。

“哇，还有人在捡垃圾中的食物！这些人还穿着奶厂工作服？”唐欣百思不得其解。

“这个事件背后难道另有隐情？”妈妈也一头雾水。

"原来是城市暴发了瘟疫，人们将钱用到治理瘟疫上，才没钱买牛奶了，牛奶销售不掉就大量积压。"唐欣看完报道后说。

"奶没有卖掉，牛奶厂工人失业，所以就有了工人捡拾垃圾的情况！"妈妈走过来补充道。

"政府怎么做的？"爸爸趁机发问。

"政府贷款给人们购买牛奶，然后鼓励人们劳动、修公路，偿还贷款。"弟弟说。

"这种政策有哪些积极影响？"爸爸问。

"人们不仅活了下去，而且还有了存款，买了轿车！"弟弟兴奋地说。

案例中的经济学智慧

电视里的牛奶宁可倒掉也不便宜卖是咋回事？这源于一个经济学概念——通货紧缩。钱变少了，但大家想买的东西还是那么多，换句话说，就是“钱更值钱”了。

通货紧缩最直接的表现就是人们的钱少了，大量商品滞销。这时商家需要做出决定：要么降价卖牛奶，可那样商家可能会争着降价，最后谁都赚不到钱；要么直接倒掉牛奶，虽然好可惜，但可以保持价格不变。

经济学小课堂

通货紧缩表现为物价普遍下跌，仿佛“钱更值钱”，但大家没有消费的意愿。这种局面使经济活动减缓，整体经济活力不足，简单来说，通货紧缩使经济变得相对不活跃。

更多的经济学应用

在面对通货紧缩时，消费者和政府所采取的方式是不同的：

作为消费者

消费者如果家里有债务，如房贷或车贷，可能会想要尽快还清这些债务，因为通货紧缩会让债务的利息增加。同时，消费者在投资时也会更加谨慎。他们可能会选择更稳健的投资方式，比如把钱存进银行，而不是去买那些可能会降价的东西，比如房子。

作为政府

政府会想办法让更多的人愿意花钱，这样经济就会活跃起来。他们会投资建设很多新的公路、铁路和机场，让我们的生活更加便利。这些投资就像给经济加油一样，让钱流动起来。此外，政府还会通过降低利息或者增加钱在市场上的数量来鼓励大家多消费、多投资。这样，大家手上的钱就多了，就能买更多的东西，经济也就慢慢活跃起来了。

所以，虽然通货紧缩听起来有点儿复杂，但其实只要我们了解它的含义，知道如何应对，就不会害怕了。

钱包保卫战——大有智慧

妈妈生日在即，田甜精心挑选了一条黄金项链作为礼物。晚饭时，她偶然听到爸妈聊到黄金价格的上涨，不禁好奇地问道：“妈妈，黄金涨价了，那大家是选择买入投资，还是卖出来赚差价呢？”妈妈打趣道：“哟，还没学会赚钱，就开始关心投资了。那我来考考你，你知道央行在黄金市场中扮演了什么角色吗？”

“央行就是中国人民银行，是唯一印发人民币和制定货币政策的机构，它持有大量黄金储备，用来调节经济！”田甜自信地说。

“知识掌握得不错呀！那黄金价格上涨会怎样呢？”妈妈提高了难度。

"我只知道黄金最初是作为一般等价物出现的。"

"假如将黄金看成一件商品，商品价格上升，说明什么？"妈妈问道。

"通货膨胀！说明市场中的货币供应量远远大于实际需求量！"表哥也凑过来，激动地大声说。

"人们买黄金的另一个因素是黄金的稀缺性。黄金又被称为抵御通货膨胀的工具。"妈妈说。

"怪不得我看新闻上说，近年来，各国央行成为黄金市场的大买家，中国人民银行已经持续 16 个月增持黄金了！"表哥恍然大悟。

案例中的经济学智慧

黄金是财富的守护者。它耐久易存，广泛用于饰品、医疗与电子领域。其稀有性使它在物价上涨时仍保值，如坚固盾牌。作为“世界货币”，黄金在动荡中能保持稳定。马克思曾言：“黄金天然就是货币。”在通胀时代，黄金如存钱罐，保护资产免受贬值之苦，是财富的有力保护者。

经济学小课堂

黄金并非天然货币，但随着历史的发展，人们发现了它作为存储和交易的优势。现代经济中，货币已经不单是黄金，而是包括了纸币、电子货币等。这些货币形式也具备存储和交易功能，形态与黄金不一样，它们共同构成了现代货币体系。

更多的经济学应用

黄金投资是现阶段较为受欢迎的投资活动，阅读下面的表格，为小明和小陈推荐一下合适的投资方式吧。

小明是一位工薪阶层，没有过高收入，但是有一点积蓄，想要通过投资黄金获得额外收入。小陈是一位公司老总，经营一家效益十分可观的公司，想要通过投资黄金获得新的收入。

黄金投资方式	适用人群	投资利弊
购买黄金实物	低风险偏好的人群	收益低、安全系数高
购买黄金公司股票	承受风险能力中等的人群	收益较高、风险系数较高
购买黄金期货	承受风险能力较强的人群	收益最高、风险系数最高

对小明

小明，你是工薪阶层，可尝试小额黄金饰品或金币投资，既能获得收益又很稳定。

对小陈

小陈，你是公司老总，资金充裕，可考虑黄金饰品、金条或期货，但一定要分散投资，避免各种风险集中起来，带来不可挽回的损失。

总之，投资黄金就像种树，虽有成长的希望，也需要防风雨。所以，我们在期待收益的同时，也要有风险意识，多元投资，别把所有鸡蛋放在同一个篮子里。

第二章　生活经济中的增值密码：钱能生钱，取之有“道”

双手插兜，钱也能来吗？

周末，乐乐、田甜在唐欣家玩，唐爸爸从书房走出来问道：“你们相信躺赢吗？”田甜立刻回答：“劳动创造美好未来，哪能躺赢！”

唐爸爸则分享了一个故事给大家。“有一天，我去银行，看到一位白发苍苍的老爷爷在取钱。他告诉我，他年轻时努力奋斗，积累了一定的财富。现在，他每个月都能从银行取出固定的利息作为生活费，生活得十分安逸。”

乐乐疑惑地问：“吃利息不算躺赢吧？”

爸爸拿出一个棋盘，让孩子们在格子里放米粒，要求后一格的米粒数是前一格的2倍，并填满棋盘。

“不就是几粒米吗？”乐乐觉得这是很小的事情。

放着放着，几个孩子就继续不下去了。

“米粒数量太……惊人啦！”田甜惊叹道。

爸爸笑着说：“这是‘棋盘与米粒’的道理，但也是我们生活中常用到的一个经济学原理——复利效应。假如把1粒米改成1分钱，放在投资领域，收益巨大啊。”

田甜惊喜道：“哇，躺赢不是梦！”

爸爸微笑着说：“投资还是有风险的哦。”

案例中的经济学智慧

老爷爷存钱这个故事和棋盘上的米粒告诉我们，当利率较高时，利息也会越来越多，那是银行用我们存款的回报。

利率分单利和复利，单利是固定的，而复利则是利滚利。很多人明白了这一生活经济学知识后就选择了投资。

投资有点像冒险寻宝。虽然有可能找到宝藏（高收益），但路上也有很多危险（高风险）。一般来说，风险越大，找到的宝藏也就越多。

经济学小课堂

利率并非越高越好，它的高低受经济环境、国家政策等多重因素制约。投资时，需要综合考虑，谨慎选择，才能确保资金安全，实现稳健收益。

更多的经济学应用

利率在现实生活中应用的例子比比皆是，它们背后都渗透着经济的智慧和知识，需要去观察、学习。

储蓄越多，获得的利息就越多吗？

生活中是不是储蓄越多，获得的利息就越多，钱越值钱呢？这种观点是错误的。储蓄也分不同的储蓄方式。利率分为名义利率和实际利率。名义利率就是银行公布的存款利率，而实际利率是名义利率与通胀率之间的差值。假如通胀率为5%，而名义利率为3%，则实际存款利率为-2%，为负值，这说明钱存在银行里不仅没赚到，反而还亏了。

存款利率与贷款利率

利率其实是两兄弟——存款利率与贷款利率。在现实生活中，存款利率是我们把钱存进银行时，银行给的利息与本金的比值；而贷款利率则是银行借钱给我们时，我们需要付给银行的利息与本金的比值。简单来说，存款利率是我们存钱时赚的钱，贷款利率是我们借钱时需要付出的成本。

花钱还是存钱，听谁的？

“妈妈，明天我们去趟银行吧！我想把压岁钱存起来！”唐欣说。

“存钱可有大学问。”接着妈妈给她讲了下面这个故事。

小兔子和妈妈一起去菜市场，它们发现萝卜价格为 1 元 1 根。

“妈妈，我想吃萝卜！”小兔子说。兔子妈妈给小兔子买了一根胡萝卜。

一年后，老虎作为皇帝，盲目向市场投放大量货币，导致物价飞涨。

此时，兔子母女又一次去菜市场。

“我想吃萝卜！”小兔子说。“萝卜怎么卖？”兔妈妈问。

“10 元 1 根！”卖萝卜的羊叔叔说。

唐欣突然问妈妈：“为什么这么贵？”

妈妈说：“兔子妈妈也这么问……”

“萝卜这么贵了？”兔子妈妈说。

“都怪昏庸的皇帝，听信谗言，印制了大量货币，导致市场中的货币量增加，货物的价格飙升！”卖萝卜的羊叔叔皱着眉头说。

正是在这种压抑的氛围下，各种小动物因买不起物品而不能生存，继而爆发了革命，并推举由公平正义的牛当政。此后，牛皇帝听取猪丞相的建议，建立银行，并开展“钱生钱”的存钱活动，让更多的钱回到银行，保证了物价稳定。

当再一次到菜市场中买萝卜时，小兔母女又买到 1 元 1 根的萝卜。

唐欣探着身子说：“这种‘钱生钱’的存钱政策真不错，我学到了！”

案例中的经济学智慧

花钱还是存钱，听谁的？这源于一个经济学知识——货币政策。货币政策是国家中央银行为了控制市场上钱的多少而采取的一系列办法。在我国，中国人民银行就是专门管这些事情的“大管家”，它负责制定和执行货币政策。

这个故事中，物价上涨造成小动物生活困难。对此，新的政府通过建立银行，推行“钱生钱”的活动，让小动物存钱，保证市场中的钱和实际对应的货物数量相匹配，最终稳定了物价。

经济学小课堂

中国人民银行在2024年第一季度维持稳健的货币政策，目的是确保市场资金充足，促进经济稳定恢复。这意味着大家借钱更便捷，生活更轻松。货币政策在平衡经济、确保钱币价值稳定方面起着关键作用。

更多的经济学应用

货币政策是经济生活的“及时雨”，对我们影响深远。它能稳定就业，推动经济发展。

生活中的例子

小陈家因商品价格过高而限制了消费，但在积极货币政策下，商品价格回归正常。小陈家的存款增加后，消费带动其他产业发展，形成良性生产与消费循环。如果每个人都是这样的生活状态，最终会促进经济发展。

案例启示

这个案例让我们见识到了货币政策的“威力”，现实生活中还有其他的货币政策，如发行国债。当中国人民银行发行国债时，人们选择购买而非消费或其他金融投资，减少市场货币量，稳定物价。这种政策既让人们获得高利息，又助于国家调控货币供给量。

总之，货币政策对我们的生活影响巨大，能稳定就业、促进经济。我们得了解它是怎么运作的，还要跟上它的“新步伐”，全面学习货币政策的知识，才能更懂经济运行的奥秘。

财富小火车，央行来驾驶

周末的午后，吴迪坐在沙发上，手中捧着一杯果汁。唐欣的爸爸坐在对面的摇椅上，手中拿着一本经济学的书籍。

“唐欣、吴迪，敢不敢接受货币政策与利率知识挑战？”唐欣爸爸微笑着看着他们俩。

“当然敢！”两人异口同声答。

“哪个银行可以连接货币政策与利率两个要素？”唐欣爸爸问。

“中国人民银行，如果央行提高利率，我们存钱的利息就会变多，但借钱的成本也会增加。这样，人们可能会更愿意存钱而不是花钱，从而影响到整个经济。”吴迪抢答道。

“央行是国家性质的银行，在市场经济中发挥着重要作用！”唐欣爸爸点点头。

“很好，下面的问题有些难，请仔细分析！在面临市场的通货膨胀时，央行可通过哪些措施实现控制通胀？”唐欣爸爸观察着他们的反应。

一阵沉默……

“通货膨胀是钱多，还是钱少？回想一下有哪些货币政策？”唐欣爸爸引导他们。

“我想到了！我看过新闻报道，说是可以提高存款准备金率，银行将钱收拢。银行提高存款利率和贷款利率，达到减少市场货币量的目的！那么央行是不是也可以这样？”吴迪认真地说。

案例中的经济学智慧

调整利率不仅影响个人决策，也影响整个经济体的行为。提高利率，人们就更愿意把钱存进银行，市场上的钱少了，就能降低通货膨胀。说到提高存款意愿，最直接的办法就是给更高的利息。所以，央行提高存款准备金率，其实是为了应对市场上钱太多造成的通货膨胀，让人们因为高利率而更愿意存钱。

经济学小课堂

央行是财富这辆小马车的驾驶员。当物价飞涨，也就是通货膨胀时，央行就会提高利率，鼓励大家多存钱，这样市场上的钱就少了，物价就更容易稳定。央行还能通过改变存款准备金率的方式帮助那些遇到困难的银行渡过难关或控制市场上的钱的多少。当钱太多时，央行就提高存款准备金率，让银行少放点贷款，市场上的钱就少了，反过来也能应对钱太少的情况。这样，央行就能让经济平稳运行，避免大起大落。

更多的经济学应用

货币政策与财政政策是调节经济的“姐妹”，两者之间存在一定的相似性，但是大有不同。

货币政策和财政政策主体不同

央行是货币政策的实施主体，财政部门是财政政策的实施主体。

货币政策和财政政策各有侧重

简单来说，货币政策管的是“钱多钱少”，如调整存贷款利率、存款准备金率等。财政政策则管的是“钱怎么花”，如调整税收、财政支出等。

对于通货膨胀的措施

举个例子，比如我们生活中常见的通货膨胀。对于通货膨胀，首先，央行会减少当年货币的发行量，让市场上流通的钱变少。其次，财政部门制定财政政策，如要求政府尽快偿还贷款，或是设定短期贷款，让资金更快地回到银行系统，从而减少市场上的货币供给。货币政策和财政政策这两招：一个是控制纸币的“出生率”；另一个是加快政府贷款的“回收速度”。

第三章 生活经济中的财富创造：是自己的，也是国家的

“钱”途究竟有多无量？

窗外是繁星点点的夜空，远处是隐约可见的乡村灯火。

爸爸坐在沙发上，脸上洋溢着自豪的微笑。他把一张收入单递给唐欣：“看，这是你叔叔家今年的收入单。”

唐欣接过单子，只见上面写着——土地流转收入：2 万元；辣椒基地工作收入：12 万元；农家乐经营收入：5 万元；银行存款利息：5000 元；股票投资收益：1 万元。她一边读一边赞叹：“叔叔不仅从土地流转中获得了收入，还在村里的辣椒基地工作挣了不少钱。爷爷奶奶的农家乐也经营得有声有色！”

爸爸微笑着解释："如今，我们国家鼓励多种赚钱方式，就像你叔叔家一样。他们通过基地工作、土地流转、农家乐经营以及投资等方式获得收入。这就是'按劳分配为主体，多种分配方式并存'的体现。"

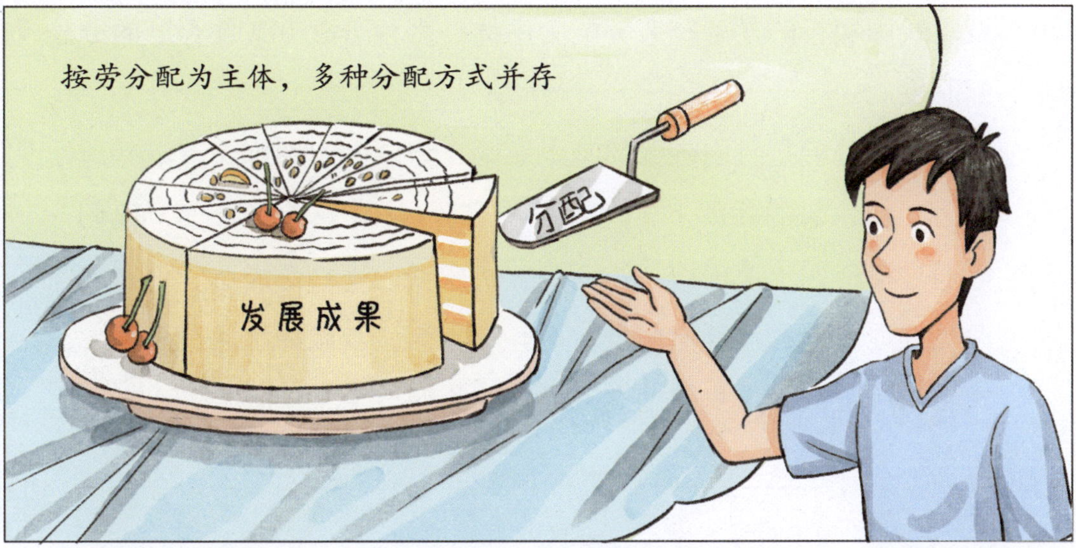

唐欣听后赞叹道："'千万工程'（千村示范，万村整治）真是让家乡发生了翻天覆地的变化！叔叔家的收入一年比一年高，生活也越来越好。我也要努力学习，将来为家乡贡献自己的力量！"

爸爸满意地点点头："说得很对！你看，我们的生活里处处是经济学。"

案例中的经济学智慧

叔叔家“钱”途无量源于一个经济学知识——收入分配制度。我国实行的是“按劳分配为主体、多种分配方式并存”的分配制度。

按劳分配是我们赚钱的基本原则，唐欣叔叔婶婶在辣椒基地努力工作，赚的钱就多，这就是“多劳多得”。除了这个，他们还通过投资、土地出租、经营等方式赚钱，这些都能让货币和资源更好地流动，帮助他们过上更好的生活。叔叔婶婶通过多种方式让收入增加，为我们提供了很好的范例。

经济学小课堂

我国实行的收入分配制度，是立足经济发展实际、适应社会主义初级阶段特征的必然选择。这一制度既体现了社会主义的公平原则，又兼顾了效率和发展的要求，对于推动我国经济持续健康发展具有重要作用。

更多的经济学应用

在我们的生活中，经济分配分为初次分配和再分配两大块。

生活中的例子

王叔叔是一名工人，他的工资收入是初次分配的结果，体现了他劳动的价值，即“多劳多得”。然而，分配制度并不仅限于此。当王叔叔因腰椎间盘突出住院时，他享受到的职工医疗保险报销了大部分费用；他的儿子在义务教育阶段学费全免，这些都是再分配带来的福利。

案例启示

再分配更注重公平，目的是缩小初次分配造成的收入差距，确保每个人都能分享到社会发展与进步的成果。国家通过财政和税收等手段，对高收入人群进行一定的调节，同时保障低收入者的基本生活。这种分配方式有助于维护社会的和谐稳定，让每个人都有获得感和幸福感。

总之，我国的分配制度既强调效率又注重公平。初次分配激励人们努力工作；再分配则确保社会公平，让每个人都能享受到社会主义发展的红利。

小钱包还是大钱包？

学校组织经济知识争霸赛，唐欣带回来一个题目要考考妈妈。

“在 2020 年，我国已经全面建成小康社会！妈妈，你知道全面建成小康社会是在什么时候提出的吗？”

妈妈微笑着回答：“2012 年，党的十八大报告首次提出全面建成小康社会。”

唐欣给妈妈竖起了大拇指。

妈妈补充道：“全面建成小康社会的根本标志是人均国内生产总值超过 3000 美元。其余标准还有城镇居民人均可支配收入为 1.8 万元，农村家庭人均纯收入为 8000 元。”

“为什么城镇居民和农村居民的收入相差这么大呀？不是先富带后富，共同走向富裕的道路吗？”唐欣侧头问。

“是的，但是，从现阶段而言，我国发展不平衡、不充分，城乡区域发展不平衡是其中的表现之一。”妈妈说。

“在 2023 年的城乡收入统计上，城镇居民人均可支配收入为 51821 元，农村居民可支配收入为 21691 元。这也体现出城乡收入差距大的问题。”妈妈又补充解释。

“城乡的这种差距真的好大呀！”唐欣若有所思。

案例中的经济学智慧

城镇居民和农村居民的收入有差距可能会造成贫富差距，这是我国经济发展过程中的一个阶段；但过大的差距并非社会主义的初衷。我们的目标是共同富裕，意味着全体人民都能分享到经济发展的成果。

当前，不同行业和地区间收入差距明显，如高科技行业员工收入高，而农业相对较低；东部沿海城市人均收入高于中西部。要实现共同富裕，需正视并缩小贫富差距，通过发展经济、普及教育、完善福利等措施，让更多人分享发展成果。

经济学小课堂

生活中，常见的群体有农民群体、职工群体、商人群体等。农民整体收入低，职工迈向小康，商人财富积累快但风险大。我们需努力推动共同富裕，减少贫富差距。

更多的经济学应用

生活中的很多事情背后都有经济学，我们一起来看看这些现象，想想其中蕴含的生活经济知识。

深圳的腾飞

改革开放前，深圳是贫困的渔村。但改革开放后，工厂如雨后春笋般涌现，人民收入大幅增长，深圳一跃成为一线城市。深圳的崛起，得益于改革开放的政策红利。政策为深圳带来了投资、技术和人才，推动了经济的快速发展，从而提高了人民的收入水平。

技能和知识的价值

如今，一些技术人员如建筑工地和工厂的高级技工收入甚高，有的甚至超过白领。是什么让他们的收入如此可观呢？是因为他们拥有专业技能和知识，这些技能和知识在市场上具有很高的价值。当然，我国追求的是共同富裕，即让所有人都能分享到经济发展的成果。

总之，我国政府会通过多种方式，促进财富的再分配，确保更多人能够分享经济发展成果，以实现社会的和谐稳定和共同富裕的目标。

我们是光荣的纳税人

在一个阳光明媚的午后，唐欣、田甜和爸爸坐在沙发上看书。

爸爸问：“还记得上一章我们说的收入差距吗？”唐欣点头：“怎么让收入更公平呢？”爸爸指向一本经济学书籍：“税收是个关键，想了解吗？”唐欣好奇地点点头。

“税收可以让收入高的人多纳税，而收入低的人少纳税，或者不纳税，这样就是在缩小收入差距。”爸爸说。

“谁愿意将自己辛苦所挣的钱纳税呀？可以不纳税吗？”田甜问。

“纳税是每一个公民应尽的义务，必须依法纳税。”爸爸严肃地说。

“所收的这些税都去哪里了？”唐欣托着下巴问。

“我国税收的性质是取之于民、用之于民的，所以现在你不用交学费。在人们生病住院后，国家会负担一部分费用，而这些钱就来自税收，并以财政方式发挥作用。”爸爸摸着唐欣的头，耐心解释。

“我懂了！税收的钱以财政补贴的方式，用在了日常教育和医疗上。还有，部分收入低的人及其子女通过享受优惠医疗和教育服务，可以减少这些方面的开支，变相提高收入！”唐欣恍然大悟。

“对！税收是维护社会公平的一把利剑！”爸爸微笑着说。

案例中的经济学智慧

这个案例蕴含一个经济学知识——税收。税收是国家依法取得的财政收入，具有强制性、无偿性和固定性。它像是给国家的“小礼物”，个人和公司都要贡献。税收让国家有能力建设更好的公立学校和医院，提升我们的生活品质。它有助于缩小收入差距，让社会更加和谐。通过税收，我们共同为国家的繁荣做出贡献。

经济学小课堂

税收是国家经济管理的关键工具，能够支持国家基础设施、科技创新与社会福利。它优化了资源配置，促进了经济公平与效率，让全民共享经济发展成果。税收征收体现了社会主义公平原则，确保了财富合理分配，缩小了贫富差距。税收不仅是经济管理的工具，更是社会主义公平与高效的坚实保障。

更多的经济学应用

我们的生活中处处都有税收的影子：

生活中的税收

在一次购买电子产品的发票上，一位小朋友看到“消费税”字样，便问妈妈：“为什么我们购买电子产品还要交税呢？”妈妈说：“买东西通常都得交税。比如，买汽车就得交车辆购置税。买房子，也得交税。还有，如果继承了一些财产，也要交继承税。这些都是为了让社会更公平、更好地运行。”

偷税抗税的行为

陈某的公司因财务造假和骗税被查处，他却拒不补交税款，甚至恐吓税务人员。这是一种违法行为。这种抗税行为，既干扰了税收工作，也损害了公司声誉。

税收的重要性

学习税收知识，了解其重要性，是每个公民的责任。我们要知道各种税种，自觉缴纳税款，不逃税、抗税。维护税收征管秩序，就是维护社会公正和和谐。让我们共同遵守税收法规，共建美好社会。

金山银山是什么？

唐欣坐在客厅的窗前，手里握着一份关于生态文明建设的宣传册。她眉头紧锁，似乎对“绿水青山就是金山银山”这句话感到困惑。

这时，爸爸走过来，指着宣传册上的标语说：“这句话是告诉我们，保护环境和发展经济并不矛盾。其实就是要我们遵循自然规律，保护环境，遵循经济可持续发展的规律，合理利用资源，调整经济结构和生产方式。”

唐欣听后，眼中闪着光：“‘千万工程’就是一个典型的例子，通过保护农村环境，利用农村资源，来推动经济发展。”

“绿水青山的实现，首先需要干什么？”爸爸问。

“创造优美的环境！我想到了‘重举治水、攻坚治气、铁腕治矿’的标语，也想到国家通过一系列举措，让老家变得更美了，天更蓝了，水更绿了，所以之后爷爷奶奶开起了农家乐！”唐欣说道。

“农家乐如何体现利用乡村的资源呢？”妈妈追问。

“农村美了，农村中的青山绿水成为吸引外来游客的力量，当然是合理利用资源了！”唐欣骄傲地说。

案例中的经济学智慧

国家要持续发展，就必须珍惜自然环境与资源，谋求人与自然的和谐共生。现在新农村积极转型，以“治水、治气、治矿”为方针，摒弃浪费资源的旧模式，为可持续发展铺路。

爷爷奶奶经营农家乐，借助当地自然之美，吸引了众多游客，实现了绿色与经济双赢发展。这不仅保护了环境，还让当地居民享受到了实实在在的利益。绿色经济不仅是理念，更是行动，它让人们的钱包鼓起来，生活更美好，展现了人与自然和谐共生。

经济学小课堂

绿色经济是以效率、和谐、可持续为发展目标，以生态农业、循环工业和可持续服务产业为基本内容的经济结构、增长方式和社会形态。

更多的经济学应用

绿色经济正悄然融入我们的日常生活。它不仅是能源结构调整的体现，更是我们绿色消费行为和绿色生活方式的实践。

绿色经济

在居民区，太阳能路灯的普及减少了对化石能源的依赖，展示了绿色经济的实用性。工业领域也积极响应，如广东大亚湾核电站的运行，其高效、清洁的核电能源为减少资源消耗和环境污染做出了显著贡献。

绿色消费理念

绿色消费理念正逐渐深入人心。我们更倾向于选择环保产品，如节能灯具、节水马桶等，同时，通过线上二手平台可以让闲置物品焕发新生。在出行方式上，我们积极响应国家号召，倡导使用新能源汽车，减少对化石能源的依赖，同时也提倡公共出行和拼车，既环保又经济。

绿色低碳产业

在农业领域，绿色低碳产业也展现出巨大潜力。农民朋友通过智能设备轻松管理农田，远程操作灌溉和喷农药，既省水又省电。立体农业的兴起更是让农民在种植水稻的同时，还能养鱼，实现了资源的最大化利用和收入的增加。

双碳经济

在公园的长椅上，田甜看着天空，眉头紧锁："最近经常发生各种极端天气，这是为什么呢？"坐在她旁边的妈妈看着远方的天空说："这是人类破坏环境的结果。尤其是二氧化碳在空气中的排放量增多，导致全球气候变暖，从而引发了各种极端天气。"

"你知道碳达峰以及碳中和吗？"田甜妈妈问。

"碳达峰是我国 2030 年的目标，而碳中和是我国 2060 年的目标。这既有利于中华民族持续发展，也是构建人类命运共同体的重要路径。"田甜说。

“实现‘双碳’的方法有哪些？”田甜妈妈问。

“减少碳的排放，还需引入新能源。这就是我们老师说的做好‘加法’和‘减法’！”田甜自信地说。

“我国在‘双碳’落实上，面临的挑战有哪些呢？”田甜问妈妈。

“首先是时间挑战。我国从碳达峰到碳中和需要走 30 年，而发达国家则走了将近 60 年。其次是现实挑战。我国存在能源结构偏煤、产业结构偏重、资源利用偏低的突出问题。”妈妈皱着眉头说。

案例中的经济学智慧

积极推动碳达峰、碳中和，这是关乎国家、民族乃至全人类的重大任务。为实现“双碳”目标，我国正稳扎稳打，将长期减排目标分解为短期任务，并依托“1+N”政策体系推动地方工作。

在能源结构上，我们继续挖掘传统油气资源的潜力，同时大力发展风能、水能、太阳能等可再生能源。此外，还应积极探索和开发新型能源，以适应未来社会对清洁、高效能源的需求。同时，加强生态治理，恢复草原、湿地等自然资源的整体性，提升生态系统的碳吸收能力。

通过这些措施，我们正努力推动社会经济的绿色转型，为子孙后代创造一个更加绿色、低碳的未来。

经济学小课堂

生活中，减少使用一次性筷子、降低乘坐私家车频率的行为看似微不足道，其实都能为碳达峰和碳中和做出贡献！

更多的经济学应用

双碳经济

双碳经济的提出并非偶然，它源于我国政府对当前国内外资源环境压力的深刻认识。我国石油、铁矿石、精炼铝、精炼铜和钾盐等关键矿产的对外依存度超过 50%，其中石油的对外依存度更是高达 60%，这种高度依赖外部资源的现状对我国经济社会的稳定发展造成了严峻的挑战。

绿色低碳经济

为了应对这一挑战，我国正在积极布局和推动绿色低碳经济的发展。在 2024 年举行的北京能源绿色低碳转型会议上，国家能源局分享了 23 个成功的绿色转型案例，这些案例涵盖了从能源生产、供应到消费的各个环节，展示了我国在推动绿色低碳发展方面的创新能力和实践经验。

绿色低碳产业及服务体系

以“双碳”目标为导向，我们需要融合传统与新兴产业，构建绿色低碳产业及服务体系，借助高科技的引领，发挥绿色经济的驱动力，确保资源供给的稳定性、持续性和安全性。这样，我们不仅能够加强经济发展的可持续性，还能为实现全球可持续发展目标贡献中国力量。

富起来，美起来，新中国更出彩

乐乐、吴迪、田甜和唐欣来到当地的自然博物馆。乐乐被一张大熊猫国家公园的精美照片吸引。“哇，大熊猫国家公园真的好美呀！看那些可爱的熊猫！”他感叹道。

唐欣走过来，说：“我们的国家公园，除了大熊猫国家公园，还有三江源国家公园，它位于青藏高原，被称为‘中华水塔’，是国家级生态安全屏障；还有东北虎豹国家公园，那里是国内规模最大的东北虎豹繁殖区域；另外，海南热带雨林国家公园也很特别，那里有珍贵的海南长臂猿，是热带生物多样性宝库……”

“为什么国家要建设国家公园呢？”乐乐看向吴迪。

吴迪说：“我爸爸告诉过我，这是生态文明思想的体现。提升生态系统的多样性、稳定性和持续性，能夯实生态文明建设的根基。”

“我想起来了，我在一本杂志上看到过，第一批国家公园的建立，就是在保护重要生态系统的本真性和完整性！除了国家公园，还有‘三区四带’……”田甜补充说。

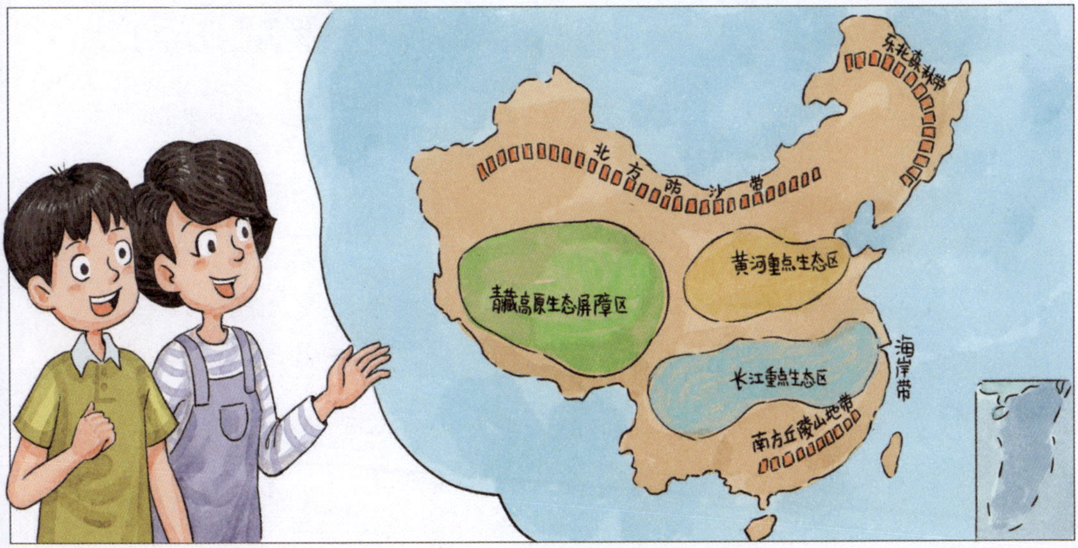

案例中的经济学智慧

环境保护是经济发展的重要基石。为了确保两者相得益彰，我国建立了国家公园、自然保护区等，对生物多样性丰富的地区进行精细管理和保护，为经济的可持续发展提供有力支撑。

同时，我们建立了生物安全管理机制，及时应对生物入侵等威胁，保障自然生态的和谐与平衡。加强国际合作，共同守护生物多样性，为全球经济稳定贡献力量。实施禁牧、休牧等措施，恢复生态环境，推动绿色产业发展。强化生态流量管理，确保水资源可持续利用。让我们携手行动，共护“绿水青山”，实现经济与环境双赢。

经济学小课堂

我国生态基础较弱，环境考验多，技术革新是关键。改善生态如同经济投资，需持久深耕，像钉钉子般精准用力。通过绿色技术创新，促进产业升级，既能保护绿水青山，又能收获金山银山。这不仅是环保责任，更是可持续发展的经济智慧。

更多的经济学应用

从发展经济的角度来看，我国生态系统保护的成果为经济持续增长提供了强大支撑。随着生态保护意识的提升，生态文明建设已成为经济发展的重要驱动力。

生态文明建设

生态文明建设写进了我们的党章和国家宪法里，这足以看出它的重要性。通过构建完善的生态保护制度，我们确保了资源的合理利用和环境的可持续发展。这不仅为经济活动提供了健康、稳定的生态系统环境，还促进了绿色产业的发展，推动了经济结构的优化升级。

生态系统质量

通过增加森林覆盖率、减少沙漠化和改善水质等，我们保证了生态系统质量的稳步提升，为经济发展提供了优质的自然资源。这些成果不仅提高了人们的生活质量，也为当地吸引了更多的投资和游客，为经济增长注入了新的活力。

总之，生态系统保护与经济发展紧密相连。通过加强生态保护，我们不仅能够守护好绿水青山，还能实现金山银山的收获。让我们共同努力，推动生态文明建设与经济繁荣的双赢，让富强美丽的新中国更出彩！

吴敬琏爷爷的故事

吴敬琏是一位杰出的经济学家，他对于国家经济有诸多深刻见解，特别是在税收、通货膨胀、环保和利率等方面。

他主张用“资本利得税”替代“利息税”，以减轻低收入家庭的税收负担，并促进资本市场的健康发展。

针对通货膨胀，他强调控制货币供应和放开价格的重要性，以维护经济稳定。

在环保方面，他倡导通过技术进步和效率提升来实现经济发展与环境保护的双赢。

此外，他还强调了利率变化对于个人生活和投资的重要性。

吴敬琏的观点和建议充满了智慧，对公众具有深远的指导意义。

厉以宁教授的故事

厉以宁教授，著名经济学家，在中国享有盛誉。他不仅精通经济学理论，更擅长将知识融入日常生活，深受人们喜爱。

他强调经济与生活的紧密联系，倡导理性消费，鼓励人们购买真正需要的东西，以促进个人满足和社会进步。

同时，他关注收入分配问题，认为合理的收入分配是社会稳定和经济发展的基石。

除了这些，厉教授还很关心我们的环境。他告诉我们，不能为了赚钱而破坏环境。他提倡要绿色出行，少开车，多走路或者骑自行车。他自己在生活中也做到了这一点，很多人都受到他的影响。

厉以宁教授的话不仅让我们学到了很多知识，还让我们明白了如何更好地生活。他真是个非常棒的经济学家！

薛暮桥——市场经济拓荒者

薛暮桥是中国卓越的经济学家，被誉为“市场经济拓荒者”。

他早年投身革命，在经济研究领域崭露头角。中华人民共和国成立后，他积极参与经济方面的建设规划与政策制定，为恢复国民经济不懈努力。他深入调研，足迹遍布全国，观察各地经济运行的实际状况。在社会主义建设进程中，他的探索从未停止，即便面临诸多困难与挑战，他依然坚持对经济规律的研究。改革开放时期，薛暮桥更是发挥了极为关键的引领作用。

他的著作如《中国社会主义经济问题研究》广泛流传，影响了一代又一代经济学者与决策者，为中国走上社会主义市场经济道路奠定了思想基石。

少年趣读漫画经济学

校园经济学

吕晖 隋林汐◎编著

中国旅游出版社

选题策划：超美文化
责任编辑：胡一鸣
责任印制：冯冬青
插图制作：澜星纪元
装帧设计：天下书装

图书在版编目（CIP）数据

校园经济学 / 吕晖，隋林汐编著. — 北京：中国旅游出版社，2025. 1. —（少年趣读漫画经济学）.
ISBN 978-7-5032-7453-4

Ⅰ. F0-49

中国国家版本馆 CIP 数据核字第 2024LQ7666 号

书　　名：少年趣读漫画经济学 · 校园经济学

作　　者：吕晖　隋林汐　编著
出版发行：中国旅游出版社
（北京静安东里 6 号　邮编：100028）
http://www.cttp.net.cn　E-mail: cttp@mct.gov.cn
营销中心电话：010-57377103　010-57377106
读者服务部电话：010-57377107
排　　版：澜星纪元
经　　销：全国各地新华书店
印　　刷：三河市腾飞印务有限公司
版　　次：2025 年 1 月第 1 版　2025 年 1 月第 1 次印刷
开　　本：710 毫米×1000 毫米　1/16
印　　张：21
字　　数：23 千
定　　价：120.00 元（全 6 册）
ISBN 978-7-5032-7453-4

前言

本书共6册，分别为《家庭经济学》《生活经济学》《校园经济学》《社会经济学》《商场经济学》《理财经济学》，主要面向的读者群体为高年级小学生、初中生。

本书最大的特点就是贴近学生的阅读习惯，兼具趣味性、可读性和专业性，采用通俗易懂的语言和生动有趣的宫格漫画相结合的形式，表述方式活泼生动、易于理解，带领孩子走近经济学。

书中呈现了大量经济史上的关键人物、典型原理、经济学思维等与学生生活紧密联系的例子，不仅使货币、理财、通货膨胀、通货紧缩、成本思维、折现思维等专业的经济学内容利于理解，还有积分等经济学方法，让学生能够学习实用的经济学知识，重塑对财富、经营、理财等的认识。

书中还融入了投资、理财、决策等多种策略，让学生发现有时"时间成本比金钱成本更昂贵"，从而学会在学习、生活中做出"最优选择"。书中也介绍了商店的各种吸引顾客的方式，使学生真切领悟智慧经营背后的原理，从而学以致用，培养理性消费的习惯。

目录

人物介绍

姓名：田甜　性别：女
年龄：10 岁
性格特点：开朗，乐观，充满活力，善于表达自己的需求和想法。

姓名：乐乐　性别：男
年龄：10 岁
性格特点：善良，热心，有责任心，善于发现问题并乐于思考。

姓名：唐欣　性别：女
年龄：10 岁
性格特点：活泼开朗，喜欢追求时尚，有主见，敢于表达自己的想法和感受。

姓名：吴迪　性别：男
年龄：10 岁
性格特点：好奇心强，善于思考，有责任心和团队精神。

第一章　国民收入

班级积分大门道

为了提高学生的积极性，向阳学校决定引入积分制度来激励学生。

此刻，一班、二班的教室里，班长唐欣和田甜正分别站在各自的讲台前向同学们宣读班级积分政策。

一班班长唐欣认真地说：“同学们，老师刚刚宣布了一个新政策，从今天开始，每位同学每天都会获得一定数量的积分。”

二班班长田甜微笑着说：“老师说了，只有我们认真完成一项任务，才能获得积分哦。”

积分制度刚颁布时，还没出现什么问题，可随着时间的推移，问题渐渐显现出来。一班班长唐欣发现，同学们对日常任务漠不关心。而二班的同学十分积极。

就这样，一眨眼到了学期末，向阳学校开展了全校大型劳动活动，鼓励各班同学积极参与到活动之中。活动内容一宣布，二班同学就你争我抢，踊跃参与。而一班，无论唐欣如何鼓劲，都无人回应。

唐欣对此十分苦恼，不知是哪里出了问题，“班级小博士”吴迪开口帮她解了惑。原来她没有通过完成任务来进行积分奖励。

找到问题就要及时解决。唐欣马上找到老师说明问题，并和班干部们商量修改积分制度。果不其然，改革后的一班焕然一新，同学们都积极参与各种活动。

案例中的经济学智慧

激励理论是指通过满足员工的需求和激发其工作动机，进而提高员工工作积极性和效率的理论体系。

案例中，二班的积分制度鼓励学生们通过参与活动、完成任务来积累积分，这种激励机制增加了学生的劳动力供给。相比之下，一班的积分制度，没有充分激发学生的积极性，导致学生的劳动力供给不足。

经济学小课堂

经济学中，劳动力市场是由劳动供给和劳动需求共同决定的。当激励机制能够有效地提高劳动力供给时，劳动力市场的供需关系将更加平衡。

更多的经济学应用

常见的学校激励机制有哪些？

财政补贴与奖励

学校设立不同等级的奖学金，以奖励在学业上表现优秀的学生。对于家庭经济困难的学生，学校会提供助学金以支持他们的学习和生活。对于在科研方面取得突出成果的学生，学校会给予一定的奖励，如颁发科研成果奖、提供科研经费等。

政策扶持与优惠

在大学，对于在学业、科研、社会实践等方面表现优秀的学生，学校会给予保研资格，以鼓励他们继续深造。同时，大学还会定期举办各类培训课程，以提升学生的综合素质和能力。

培训与发展机会

选拔优秀学生参加海外交流项目，让他们有机会接触不同的文化和学术环境，拓宽视野。

班费该怎么花？

一个阳光明媚的下午，班主任向同学们宣布了一个让人心动的消息：班费已积累到1000元！一时间，教室内的空气仿佛凝固，每个人的脑海里都打着自己的小算盘。

“但真的应该就这样平平无奇地利用它吗？”吴迪的声音在人群中响起，给大家带来不一样的思路。是啊，如果只是把钱存银行，那么微薄的利息几乎可以忽略不计。或许，同学们可以冒一次险，用这笔钱做点大事。

这群满怀梦想的少年聚到了一起，开始规划他们的小生意。桌面上摊开了五彩缤纷的材料和纸笔，每一张脸上都写满了激动和期待。吴迪说：“我们要做的不只是回本，我们要创造利润，我们要让这20元变得更多！”

阳光洒满了校园的每个角落，彩旗飘扬，笑声和叫卖声此起彼伏。经过连日的精心准备，学校的集市日终于在期待中盛大开幕了。

同学们或是三三两两结伴，或是独自闲逛，他们在各式各样的摊位前驻足观看，好奇地询问物品的功能与价格，讨价还价中洋溢着青春的朝气。

夕阳西下，吴迪和伙伴们开始收拾摊位，盘点着今天的营业额。随着钱币一枚枚落入钱箱，他们的心剧烈地跳动起来。努力后的成果让每个人的心情都飞扬起来。他们相视一笑，心中充满了成就感和自豪感。

案例中的经济学智慧

案例中，初始条件设定了每个学生的可支配收入为20元固定金额，但未触及潜在的经济增长机会。后来，有一个学生提出了机会成本这一概念。他意识到如果将资金用于投资而不是储蓄，可能会带来更高的回报。

经济学小课堂

人均可支配收入指的是平均每个人在扣除税费和其他法定强制性扣款后，可以自由支配的收入。它是衡量居民购买力和经济福祉的重要指标。

更多的经济学应用

人均可支配收入可以间接地通过以下几个方面来体现：

教育资源分配

一个地区的平均可支配收入水平可能会影响当地政府对教育的投入。人均可支配收入的差异可能导致教育资源在不同地区、不同学校之间的不公平分配。

学生家庭背景

学生的家庭经济状况会影响他们在学校的学习和生活。例如，家庭经济条件较好的学生能够购买更多的学习资料和参加更多的课外活动，而家庭经济条件较差的学生可能需要在学习之余帮助家庭劳动来增加收入。

教育公平

关注人均可支配收入的问题有助于推动教育公平，确保所有学生都能获得高质量的教育。

没有钱怎么办？

这天阳光明媚，中央小学的师生们聚集在操场上，准备开展一项特殊的活动。

操场上，学生整齐地站好，老师对大家说："今天，我们的活动禁止使用真实的货币交易。"唐欣满脸疑惑："如果没有钱，我们怎样进行交易呢？"

老师向同学们展示着"积分券"，这些"积分券"是由学校自行设计的纸币，用于本次经济活动。

原来老师为大家提供了一个模拟市场的环境。在这个环境中，学生们可以用自己带来的物品定价换取积分券，再用积分券购买自己心仪的物品。

教室内，同学们根据规则纷纷给他们带来的物品定价贴上标签，以换取相应的积分券。

活动开始，同学们站在摊位前交流、计算，尝试用最少的“积分券”换取最多的物品。此外，一些学生发现，对于高价格的物品，可以几人合作购买。

案例中的经济学智慧

没有“积分券”或“中央币”时，可以物物交换，通过直接的物品或服务交换，满足双方的需求。例如，如果你有额外的水果，而你的邻居有多余的蔬菜，你们可以彼此交换，各取所需。

还可以合作消费，多人合作购买或使用同一产品或服务，以降低成本。例如，社区成员共同购买大包装的食品或生活用品，然后分摊成本。

经济学小课堂

在没有钱的情况下，通过资源交换、价值创造和需求满足，可以在一定程度上实现资源的流动和需求的满足，这要求社区成员之间有较高的信任和社会责任感。

更多的经济学应用

在没有钱的情况下，很多经济学原理和概念依然可以应用。以下是一些无需货币就能实践的经济学应用：

价值评估

在物物交换中，双方需要对各自商品的价值进行评估，以确保交易的公平性。

供需原则

供给和需求决定了物品的交换价值和量。如果某个社区中粮食供过于求但手工艺品缺失，而另一个社区中有多余的手工艺品但缺少粮食，则两个社区可以进行资源交换，平衡供需。

机会成本

机会成本是指为了得到某样东西所放弃的其他选择的价值。在决定是否进行某项交换时，个人会考虑其机会成本。比如，可以选择现在换取食物，也可以保存资源以期待未来更好的交易。

第二章　校园看国际

“免费”的笔记本

在向阳学校的自由市场里，唐欣看到一本漂亮的本子，标价为 2 积分。她摸了摸口袋，发现刚好有 2 积分券，正准备购买时，她的朋友田甜却走过来制止了她。

田甜告诉唐欣，她们可以先去本子摊位借一个本子，然后拿到光明学校去卖。在光明学校这个本子的售价为 1 积分。两个学校的积分货币可以通过积分银行进行兑换，光明学校 1 积分券的购买力等同于向阳学校的 4 积分券。

唐欣按照田甜的说法，在光明学校成功地将本子以 1 积分的价格卖掉。然后，她们去了学校的积分银行，用这 1 张积分券换了 4 张向阳学校的积分券，用 4 积分买了两个本子。唐欣还给了摊位一本，自己也拥有了梦寐以求的新本子。

唐欣看着手中的本子，有些回不过神来，为什么没花钱就能拿到本子？思考良久，她向田甜说出了自己的困惑。田甜告诉她，这是因为两所学校货币汇率有所差异，巧妙利用汇率差就可以“吃到免费的午餐”。

案例中的经济学智慧

汇率是一个国家的货币与另一个国家的货币之间兑换的比率。在本案例中，田甜和唐欣利用汇率之间的差异，成功吃上了免费的午餐。

田甜意识到，在光明学校，本子的价格较低，通过跨校交易并利用汇率差异，她们成功实现了零成本获得本子的目标。

经济学小课堂

2010 年，一个美国人拿了 10 万美元，换了 68 万元人民币在中国旅游，一年间，她吃喝玩乐，花了 18 万元人民币。2011 年因为人民币兑美元升值到 1 ∶ 5，这位美国人用剩下的 50 万元人民币换了 10 万美元，高高兴兴地回家了。

更多的经济学应用

那影响汇率的因素都有哪些呢？

进出口差额（国际收支）

想象一下，学校的小卖部就像一个国家，它买入（进口）和卖出（出口）各种零食和学习用品。如果小卖部卖出的零食比买入的多，也就是出口大于进口，那么小卖部就会积累很多外校学生的“货币”（比如校外的购物券）。这样一来，外校学生来买东西时，因为“货币”供过于求，小卖部可能会降低“汇率”（比如原来 1 张购物券换 1 根棒棒糖，现在换 2 根），这就是货币升值。

相反，如果小卖部买入的零食比卖出的多，即进口大于出口，那么外校学生的“货币”就会不够用，导致“汇率”上升（比如 2 张购物券换 1 根棒棒糖），这就是货币贬值。

通货膨胀率

想象一下，如果学校食堂突然涨价，原本 10 元能吃到的饭菜现在要 20 元，这就是通货膨胀。在一个国家，如果通货膨胀率高，意味着货币的购买力下降，就像食堂的饭菜涨价后，同学们手里的钱“不值钱”了。这样一来，大家可能会更愿意用本币去换外币，购买外国商品，导致本币贬值。相反，如果通货膨胀率低，货币购买力稳定，就会吸引外国投资者，从而提高本币汇率。

“班级积分”不值钱了？

新学期伊始，班主任为了激励同学们好好学习、积极表现，引入了一个班级积分系统，只要攒够积分，就可以从积分商店换取想要的东西。下课后，乐乐迫不及待地走进积分商店，发现一支心爱的笔只需要 3 积分，他十分兴奋，暗暗下定决心要努力攒取积分。

为了攒够积分，乐乐在课堂上认真学习，课后积极参加活动，最终兑换到了自己想要的笔。不只是他，自从有了积分系统，每一位同学都变得非常努力。随着时间的推移，大家都通过自己的努力赚到了不少东西。

时间一转眼来到了期中，乐乐的笔芯已经用完，想着自己丰厚的“家底”，他决定这次多换几支笔。但当乐乐再次来到积分商店时，他惊讶地发现，原本 3 积分就能买到的笔，现在竟然需要 20 积分了。他十分不解。

在班会上，乐乐将自己的疑问提了出来。老师解释说：“你们的积分变得越来越多，但积分商店物品的数量却没有增加，为了保持平衡，物品的价格就会上涨。虽然你们的积分增加了，但购买力下降了。这其实是货币的贬值现象。”

案例中的经济学智慧

货币的升值和贬值是指货币价值的上升或下降。升值意味着货币变得更“值钱”，购买商品时更有优势，贬值则相反。

案例中，随着学生们积分的不断增加，积分的购买力却在逐渐下降。这是因为货币的购买力与货币供应量成反比，当货币供应量增加时，货币的购买力就会下降，即货币贬值。

反之，如果由于新的积分系统的使用，原本的积分券会越来越少。原本 5 张积分券才能买到一个本子，到后来大家手里基本没有积分券时，2 积分券就可以买到。这就是货币的升值。

经济学小课堂

货币的升值一般是一个国家为了抵御外汇冲击、制止通货膨胀所采取的措施。因为外汇太多，将会给本国货币流通市场造成流动性过剩的压力，可能引起国内通货膨胀。

更多的经济学应用

货币的升值或贬值对学校发展有什么影响呢？

货币升值

当货币升值时，学校购买国外教材、设备、技术等进口教育资源的成本会降低，因为人民币升值后，相同的人民币能兑换更多的外币，使这些资源变得更便宜。这有助于学校引进更多高质量的教育资源，提高教学质量和科研水平。除此之外，货币升值可能会降低外国学生来中国留学的积极性，因为他们需要更多的货币来支付学费和生活费。

货币贬值

货币贬值则会导致教育经费减少，因为贬值后人民币的购买力下降，相同数量的教育经费所能购买的资源减少。这可能导致学校在设备更新、教师培训等方面的投入受限，进而影响教育质量和学校发展。除此之外，货币贬值可能提高外国学生来中国留学的积极性，因为留学成本降低。

都是"月饼"惹的祸

在中华小学，食堂的阿姨们用心制作了一款特别好吃的月饼。这款月饼不仅外观精美，而且口感细腻，甜而不腻，口碑迅速在学生中传开了。

很快，这款月饼就在学生之间掀起了一股购买热潮。大家相互分享，口口相传，越来越多的学校都知道了这一消息。随着月饼热度的提高，中华小学的月饼生意变得异常火爆。每天都有来自周边各个学校的订单，食堂的阿姨们忙得不亦乐乎。

这种情况持续了一段时间，中华小学的学生开始抱怨。他们觉得，作为中华小学的一员，自己竟然无法享用到自家食堂的特色产品，这让他们感到非常不公平。家长们也认为，食堂应该优先保障本校学生的需要，而不是一味追求对外销售的利润。

经过一番讨论，食堂决定调整生产和销售策略。首先，他们决定限制对外销售量，确保每天有足够的月饼供应给中华小学的学生。其次，食堂还计划扩大生产规模，招聘更多的工作人员，以满足日益增长的需求。最后，食堂还推出了预订制度，让学生们可以提前预订月饼，保证每个学生都能按时买到美味的月饼。

案例中的经济学智慧

贸易顺差是指一个国家的出口总额大于进口总额，而贸易逆差则是指进口总额大于出口总额。

在中华小学月饼案例中，食堂的月饼非常受欢迎，周边学校都向中华小学订购月饼，造成了食堂生产的月饼供不应求，本校学生难以买到。中华小学食堂在一定程度上形成了“贸易顺差”，因为对外销售的月饼数量超过了本校学生的需求量。然而，这种情况并不理想，因为它导致了本校学生无法享用到自家食堂的产品。这表明，过度的顺差也可能导致资源分配不均和对内部需求的忽视。

经济学小课堂

贸易顺差并不总是意味着好事，因为它可能会导致国际关系紧张和国内产业结构不平衡等问题。当然，持续的贸易逆差也可能对国家的财政健康和经济稳定不利。

更多的经济学应用

过度的贸易顺差会造成哪些影响？

经济过于依赖外部需求

当一个国家的经济过度依赖出口时，可能会导致内需不足，使国内产业结构单一。就像学生过度依赖外部资源（如补习班、网络答案等）来完成学习任务时，他们可能会忽视自我学习和思考的能力培养，限制了全面发展。

外汇储备成本增加

维持大量外汇储备会涉及较高的成本。这些成本可能会对国家的财政状况造成压力。比方说，阳光学校拥有过多的教学设施。这些设施维护成本很高，利用率却不高，学校无法充分利用这些资源就会对学校的财务造成压力。

综上所述，虽然贸易顺差可以带来经济增长和外汇储备的增加，但过度的顺差也会带来一系列经济问题，需要通过合理的政策调整来平衡国际贸易，促进经济的健康发展。

第三章　常见的校园经济行为

跳蚤小市场

学校要策划一次跳蚤市场。同学们兴奋地从家里搜集可以交易的玩具、书籍和衣物。每一个班级都分配了自己的摊位，同学们用彩纸、手绘海报和小装饰品来布置，每个摊位都显得个性十足。

乐乐决定带来自己珍藏的漫画书和几个不再玩的模型车玩具。他的好朋友吴迪则准备了一些精美的手工制品。两人一边收拾摊位，一边讨论着如何吸引更多的小伙伴来交换物品。

早上八点不到，跳蚤市场就热闹起来了。孩子们带着自己的宝贝来到摊位。一些家长也加入了进来，帮忙摆放物品，给孩子们出谋划策。

校乐队的小朋友们吹奏起欢快的乐曲，为市场增添了喜庆的气氛。一时间，校园里到处是叫卖声、讨价还价声和欢声笑语。

乐乐和吴迪的摊位很快吸引了一群小朋友。一个小女孩好奇地问：“这本漫画书多少钱？”乐乐笑着回答：“5 元钱，或者你可以拿你的那个布娃娃和我换。”小女孩犹豫了一下说：“有一点贵，可以便宜点吗？”乐乐说：“这本漫画书非常有趣，买到就是赚到！”小女孩想了想，最后决定用布娃娃换了那本漫画书。

案例中的经济学智慧

价格机制是市场经济的核心。价格是由供求关系决定的，它反映了商品的稀缺性和价值。

1. 在跳蚤市场上，当孩子们对商品感兴趣时，就产生了“需求”。如果某个玩具很受欢迎，那么它的“价格”可能会上涨；反之，如果某件商品无人问津，摊主可能需要降低价格以促成交易。

2. 孩子们需要学会如何定价。如果定价太高，商品可能很难卖出去；定价太低，可能会造成亏损。通过这种体验，孩子们可以学习到价格是如何在市场上形成的，以及价格如何调节供需关系。

经济学小课堂

孩子们需要学会在竞争激烈的市场中脱颖而出，这既需要他们了解市场需求，也需要他们掌握有效的营销策略和谈判技巧。

更多的经济学应用

跳蚤市场其实就是二手交易市场，关于二手交易市场你知道多少呢？

二手交易市场

二手交易市场是一个专门用于买卖旧物品的市场平台，它可以是线上也可以是线下的。二手市场覆盖的商品范围也很广泛，从电子产品、书籍到日用百货等几乎所有消费品类都可以在二手市场上进行交易。二手交易市场不仅是一个交易平台，它还反映了社会对于资源循环利用和可持续发展的需求。通过二手市场，人们可以以更低的成本获取所需物品，同时也能为减少浪费和环境保护做出贡献。

二手交易的形式

二手交易的形式包括买卖、置换、回收和捐赠等，能满足不同用户的需求。随着人们环保和资源再利用意识的增强，它得到了快速发展，市场规模不断扩大。在中国，二手电商市场已经经历了探索期、市场启动期，目前处于高速发展期，并逐渐走向成熟。

和盲盒说拜拜

乐乐和唐欣都是盲盒的忠实粉丝。某天放学后，他们发现学校附近开了一家新的盲盒店，店内摆满了各式各样、色彩缤纷的盲盒。两人约定，下次放学后一起购买盲盒，看看谁的运气更好。

放学后，乐乐和唐欣迫不及待地来到盲盒店。店内灯光柔和，货架上的盲盒在灯光的映衬下显得格外诱人。两人一会儿看看这个，一会儿摸摸那个。一段时间后，他们终于各选了一个盲盒，两人一边往外走一边开心地看着盲盒，准备一起开启这份未知的惊喜。

唐欣选的是一个动漫主题的盲盒，她一直很喜欢动漫，对各种角色如数家珍。而乐乐则选了一个体育主题的盲盒，他热爱运动，希望能开出自己喜欢的球星模型。

过了一会儿，两个人互相交换了一个神秘的眼神，然后同时拆开了盲盒。唐欣小心翼翼地打开包装盒，心里期待着一定要是她最喜欢的动漫角色的模型，而乐乐则嘴里一直念叨着："一定要是他，一定要是他呀！"紧张的时刻来了，两个人都开出了他们梦寐以求的动漫模型和篮球明星的签名球。

两人兴奋地跳了起来，大声喊道："太棒了！太棒了！"他们都为自己的好运感到非常高兴。

案例中的经济学智慧

人们天生好奇，对未知事物充满了探索的欲望。这种期待与现实之间的张力激发了消费者的购买行为，他们愿意为了可能获得的惊喜进行一次又一次的尝试。

1. 在购买盲盒的过程中，因为其中可能有他们喜爱的动漫人物模型，或者他们之前有过开箱得到喜爱物品的正面经验，这使盲盒的吸引力大大提高。

2. 商家也通过推出联名盲盒系列，来吸引人们的注意力和消费欲望。这种策略是基于“消费者剩余”原理，即消费者愿意为商品支付的最高价格与其实际市场价格之间的差额。

经济学小课堂

由于盲盒的购买往往伴随着不确定性和赌博心理，消费者容易沉迷其中，会形成不健康的消费习惯。

更多的经济学应用

你对盲盒了解多少呢？

频繁购买盲盒的坏处

盲盒通常价格不菲，对于经济条件一般的小学生来说，频繁购买盲盒可能会给家庭带来经济负担。盲盒的购买往往伴随着一种“期待感”和“惊喜感”，这种刺激可能会让小学生产生心理上的依赖，进而演变为成瘾行为。他们可能会不断追求开箱时的刺激感，而忽略学习和社交等其他重要方面。

盲盒经济

盲盒经济是一种以随机性和惊喜性为核心的销售模式。品牌通过线上渠道和线下实体店两个途径来推广产品，使产品更频繁地出现在消费者视野中，从而诱发消费冲动。消费者精神价值需求的提升，带动整个潮流玩具市场大规模增长。盲盒作为潮玩品类之一，因其独特性和较高的收藏价值而成为年轻消费者的热门选择。

魔力小商店

放学铃声响起，乐乐背着书包，迫不及待地和他的好朋友唐欣一起走出校门，他们的目标是学校旁边的一家小商店。

今天，小商店又推出了新的玩具——一款迷你恐龙模型套装。

这款玩具是当前最火爆的动画片角色，玩家可以自己涂色、组装，甚至还能通过扫码到App上学习关于恐龙的知识。乐乐和唐欣对此早已望眼欲穿。

“快点，唐欣，我们得第一个买到那套恐龙模型！”乐乐兴奋地说着。

两人飞奔到小商店门口，推开门，琳琅满目的商品映入眼帘。商店阿姨微笑着问他们想要什么，乐乐指向他们心心念念的恐龙模型套装。

“好的，这是最新到的货，你们两个小家伙真有眼光。”商店阿姨笑着说，将恐龙模型递给了他们。

乐乐和唐欣掏出零花钱支付后，兴高采烈地把玩具抱在怀里。他们在回家的路上讨论如何涂色、组装，以及要学习的恐龙知识。

他们捧着玩具走出商店的门口，脸上都洋溢着开心的笑容。

案例中的经济学智慧

正确的市场定位可以提升品牌知名度，增强市场竞争力，从而提高产品的市场份额和企业的利润水平。

1. 小学生通常有零花钱。他们对文具、小玩具、零食这类商品有很强的需求；家长们也会购买一些生活用品或学习材料。因此，小商店开在小学周围能很好地满足这种需求。

2. 商家选择在学校周围开店，可以了解目标群体的消费习惯和偏好，从而调整所售卖商品的种类和价格，更好地吸引消费者。

经济学小课堂

经济学中最基本的概念之一就是供需关系。小商店开在小学周围，是因为这里存在一个稳定的消费群体——小学生和他们的家庭。

更多的经济学应用

发展零售业需要抓住以下几点：

地理位置

地理位置对于零售业的成功至关重要。学校周边地区人流量大，尤其是上下学高峰期，这为小商店带来了大量的潜在顾客。另外，小学生通常不会走很远的距离去购物，所以开在学校附近能够最大限度地吸引这部分客户。

抢占先机

如果一个小学周围还没有类似的小商店，那么第一个入驻的商店将获得先发优势，可以通过独特的商品和服务迅速占领市场。为了保持竞争力，小商店还会定期引入新商品以保持孩子们的新鲜感，吸引他们持续光顾。同时，开设一家小商店所需的资金投入较少，且灵活度较高。商家可以根据学校周围的租赁价格、竞争情况等进行合理的投资和成本控制，从而扩大盈利空间。

第四章　校园理财有智慧

小学生也有大智慧

最近，向阳班的同学之间常常闹矛盾。老师了解后发现，这些矛盾大多是同学之间交换文具、卡牌等物品后，有同学反悔而引发的。

了解了事情的原委后，老师决定召开班会，帮同学们树立正确的交换认知。班会上，老师先让同学们交流自己对交换的看法。田甜率先发言，她认为在交换时要看东西的价值，比如 1 支普通的奥特曼笔，可能就只能换 3 张卡片，而稀少甚至绝版的奥特曼笔，可以换稀有卡片或好几包普通卡片。

听了田甜的话，老师点点头，又问吴迪："如果是你，你会怎么换？"吴迪回答说："换自己喜欢的。"吴迪认为，只有自己真正喜欢的东西，才不会因为物品的价格产生矛盾，换了才不会后悔，不是喜欢的，换了也没有意思。

老师点点头，又问唐欣的想法，唐欣认为，要进行等价交换，两边都觉得合算的才能成交。在唐欣看来，如果交换的双方有一方觉得不公平，交换就不会发生，哪怕产生了交换，后续也会产生矛盾。

案例中的经济学智慧

成本效益原则是经济学里最重要的一个规律。只有收益多于花费成本，才值得去做。人们的行为总是尽量以最小的投入获得最大的收益。成本效益原则可以用来解释很多经济现象，也能够帮助我们更好地理解人们的行为。

案例中，老师请同学们说出自己是如何和别人进行交换的，同学们各说各的理。说明在做决定的时候，每位同学心里都是有衡量标尺的，会衡量自己的成本和收益，然后做出最有利于自己收益的选择。

经济学小课堂

成本效益原则在经济决策中扮演着重要角色，有效应用成本效益原则可以帮助组织或个人做出更合理的经济决策，避免资源的浪费。

更多的经济学应用

成本效益原则在生活中的应用是多方面的，无论是对于个人生活中的小决策还是企业的大战略来说，成本效益原则都是一种重要的决策工具。

购物决策

你正在考虑购买一个价格为 40 元的闹钟。然而一个朋友告诉你，在另一个地方，同样的闹钟，售价只要 20 元。在这种情况下，如果两个闹钟的质量和其他特性相同，那么从成本效益的角度来看，应该选择价格更低的闹钟，因为这样可以获得额外的经济效益。

时间管理

假设你正在写作业，这时一个想看的电视节目也开始了。这个时候需要考虑的是，如果选择看电视，那么完成作业的时间就会减少，可能会影响到第二天的学习成绩。这时候就需要比较看电视带来的快乐和不学习可能造成的损失，然后进行决定。

不破产的信用

一天中午，乐乐正在教室里和同学聊天，突然发现同班一位同学一脸难过地趴在桌子上，经过询问得知，她没有带吃午餐的钱。

乐乐看出同学的困境，便提出借钱给同学买饭吃。他开了一个小小的借条，上面写着：我，乐乐，借给小红 10 元钱，小红于下周归还。小红欣然接受，并对乐乐表示感谢。

一周过去了，乐乐看小红没有还钱的意思，便有些担心，他放学后跟小红提起这件事，小红这才想起来，忙跟乐乐解释，自己不是故意拖延，而是忘记了。

小红第二天带来了 10 元钱，不仅还了借款，还多给乐乐 1 元钱作为感谢。乐乐想要拒绝，小红却说，这是对乐乐的帮助和信任的感谢。

案例中的经济学智慧

借贷与信用是经济活动中紧密相连的两个概念。在校园中，借贷通常指的是同学之间或者通过校园机构进行资金或物品的临时转移。

而信用是这种借贷行为得以顺利进行的关键，简单来说就是一个人履行承诺的能力体现。在校园中，信用扮演着至关重要的角色。一个信用良好的同学，不仅能够在需要时顺利借到所需的物品或资金，还能够建立起广泛的人际关系网络，为未来的学习和生活打下坚实的基础。

经济学小课堂

在借贷过程中，我们要诚实守信，按时归还所借物品或资金，同时，要学会理性借贷，避免因为一时冲动或虚荣心而过度借贷，给自己和家人造成不必要的麻烦。

更多的经济学应用

借贷与信用在我们的日常生活中无处不在，它们像隐形的纽带，连接着人与人之间的经济活动。然而过度依赖借贷可能会导致个人财务风险，因此理性地使用借贷与信用，保持良好的信用记录，对个人和社会都是非常重要的。

校园借贷

同学之间偶尔会相互借用文具等物品，这其实也可以看作一种简单的“借贷”行为，借了别人的东西，需要记得及时归还。学校图书馆的图书借阅也是一种借贷，我们借了书之后要在规定时间内归还。

校园信用

在小组合作完成任务时，答应要完成的部分一定要做到，这体现了对小组同学的信用。竞选班委时承诺为同学们做某些事情，当选后就要努力践行承诺，这展现了对全班同学的信用。与小伙伴约定一起玩耍，就不能失约，保持这种约定就是维护信用。

拥有的越多，真的越快乐吗？

乐乐是个忠实的奥特曼粉丝，每次看到有关奥特曼的商品都会忍不住心动。有一天，他路过文具店，看到了一款全新的奥特曼笔，立刻被它那炫酷的外观吸引住了。他兴奋地用零花钱买下了这支笔。

刚开始的时候，乐乐每次用这支奥特曼笔写作业都觉得非常开心，仿佛自己真的变成了勇敢的奥特曼战士。他把这支笔当作宝贝一样珍惜，每次用完都会小心翼翼地放回笔盒里。别的同学想借用一下，乐乐也从不舍得借出去。

然而，好景不长。过了一段时间，文具店又上架了几款新的奥特曼笔，每一款都比之前的更加精美。乐乐看着这些新笔想：如果再买几支奥特曼笔，每天都可以换不同的笔来用，那该多开心啊！

于是，乐乐又买了几支新的奥特曼笔。刚开始的时候，他确实觉得很开心，每天都能用不同的笔写作业，感觉自己像个拥有无尽宝藏的收藏家。

但是，渐渐地，乐乐发现，每增加一支新的奥特曼笔，他感到的快乐和满足感似乎并没有上一次那么强烈。他开始怀疑，是不是自己买的笔太多了，导致边际效应递减了呢？

案例中的经济学智慧

所谓边际效应递减，就是当我们拥有越来越多的相似物品时，每增加一个新的物品，我们感到的快乐和满足感就会逐渐减少。

我们应该学会理性消费，不要被商家的营销手段所迷惑，不盲目追求所谓的“潮流”或“新鲜感”，也不盲目追求过多的物质享受，而是要学会珍惜和感恩自己所拥有的。

乐乐开始反思自己的行为。他意识到，虽然奥特曼笔很好看，但是真正重要的是它的实用性和功能性。他只要有一支好用的笔就足够了。

经济学小课堂

在我们学习的过程中，往往也会有边际效应递减的现象。不如试着把自己的大目标分成许多小目标，合理安排小目标。数学学累了就去读读语文。给自己一些不同的小奖励，比如：看一集动画片，玩一会儿游戏或者吃一顿大餐。

更多的经济学应用

边际效应递减在经济学中有着广泛的应用，主要体现在以下几个方面：

兴趣班

选择兴趣班的时候，如果已经上了很多节绘画课，发现自己的兴趣和进步没有一开始那么明显了，就可以考虑是不是要减少绘画课的数量，尝试一下其他的兴趣班，这就是用边际效应递减来做决策，可以避免一直做一件事而效果越来越不明显。

玩具

当拥有很多相同类型的玩具时，发现再多一个也不会带来更多的快乐，那在购买新玩具时就可以更理性地选择不同类型的，而不是一味地重复购买类似的。

通过在这些生活中的小事中感受和运用边际效应递减原理，同学们可以让自己的生活更合理、更有趣。

纪文翰卖水果

纪文翰是科灵新媒体的创始人及“最苏州”微信公众号的创始人。

纪文翰在2010年考入苏州大学文科强化班，开始了他的大学生活。大一时，他注意到学校附近的水果店关门，而校外远一点的水果价格昂贵，于是决定在苏大开设一家水果店。他利用在报亭做兼职的机会，盘下一半报亭开始销售水果。他每天凌晨两三点去水果批发市场进货，借用三轮车运回校园，确保第二天有新鲜水果出售。这一举措迅速赢得了同学们的认可和支持，也让他赚下了第一桶金，踏上了大学生创业之路。

在大学期间，他还尝试了做家教、做主持人、去公司实习等多种工作，积累了丰富的社会经验。

兰宇轩的小卡片

兰宇轩自小学起便展现出商业头脑，他通过倒卖卡片游戏赚取零花钱。

通过这场“倒买倒卖”的生意，兰宇轩赚了一笔小钱，实现了短暂的零食自由。这次经历不仅让兰宇轩体验到了赚钱的乐趣，更重要的是，它激发了他对商业的兴趣和热情，为他日后的创业之路埋下了伏笔。

在小学、初中和大学本科阶段，兰宇轩继续尝试各种小型创业项目，不断积累商业经验。进入清华大学生命科学学院后，兰宇轩将生物基础理论向产业化推动的愿望越发强烈，最终，他联合创立了微构工场，将之前研究的PHA（聚羟基脂肪酸酯）项目推向产业化，成为国内合成生物赛道上最年轻的创业者之一。

张旭豪与“饿了么”

张旭豪本科就读于同济大学，后在上海交通大学攻读机械与动力工程硕士学位。

2008 年，正值互联网和移动互联网快速发展的初期，外卖服务尚未广泛普及，尤其是深夜外卖服务几乎空白。他抓住机遇，与室友共同创业。

初期，张旭豪和室友开始调研校园周边的餐馆，他们收集了学校附近餐馆的电话，制作成小册子在校园内分发，并亲自送餐。他们通过线下模式积累市场经验和客户资源。

随着业务的增长，张旭豪开始招募更多同学加入团队。后来他成功研发出订餐网络平台“饿了么”。该平台迅速获得市场认可，并逐步扩大业务范围，现已成为知名外卖平台。张旭豪的创业历程展示了其敏锐的市场洞察力和坚定的执行力。

少年趣读漫画经济学

社会经济学

吕晖 隋林汐◎编著

中国旅游出版社

选题策划：超美文化
责任编辑：胡一鸣
责任印制：冯冬青
插图制作：澜星纪元
装帧设计：天下书装

图书在版编目（CIP）数据

社会经济学 / 吕晖，隋林汐编著. — 北京：中国旅游出版社，2025. 1. —（少年趣读漫画经济学）.
ISBN 978-7-5032-7453-4

Ⅰ. F069.9-49

中国国家版本馆 CIP 数据核字第 2024MF2569 号

书　　名：少年趣读漫画经济学 · 社会经济学

作　　者：吕晖　隋林汐　编著
出版发行：中国旅游出版社
（北京静安东里 6 号　邮编：100028）
http://www.cttp.net.cn　E-mail: cttp@mct.gov.cn
营销中心电话：010-57377103　010-57377106
读者服务部电话：010-57377107
排　　版：澜星纪元
经　　销：全国各地新华书店
印　　刷：三河市腾飞印务有限公司
版　　次：2025 年 1 月第 1 版　2025 年 1 月第 1 次印刷
开　　本：710 毫米×1000 毫米　1/16
印　　张：21
字　　数：23 千
定　　价：120.00 元（全 6 册）
ISBN 978-7-5032-7453-4

前言

本书共6册，分别为《家庭经济学》《生活经济学》《校园经济学》《社会经济学》《商场经济学》《理财经济学》，主要面向的读者群体为高年级小学生、初中生。

本书最大的特点就是贴近学生的阅读习惯，兼具趣味性、可读性和专业性，采用通俗易懂的语言和生动有趣的宫格漫画相结合的形式，表述方式活泼生动、易于理解，带领孩子走近经济学。

书中呈现了大量经济史上的关键人物、典型原理、经济学思维等与学生生活紧密联系的例子，不仅使货币、理财、通货膨胀、通货紧缩、成本思维、折现思维等专业的经济学内容利于理解，还有积分等经济学方法，让学生能够学习实用的经济学知识，重塑对财富、经营、理财等的认识。

书中还融入了投资、理财、决策等多种策略，让学生发现有时“时间成本比金钱成本更昂贵”，从而学会在学习、生活中做出“最优选择”。书中也介绍了商店的各种吸引顾客的方式，使学生真切领悟智慧经营背后的原理，从而学以致用，培养理性消费的习惯。

目录

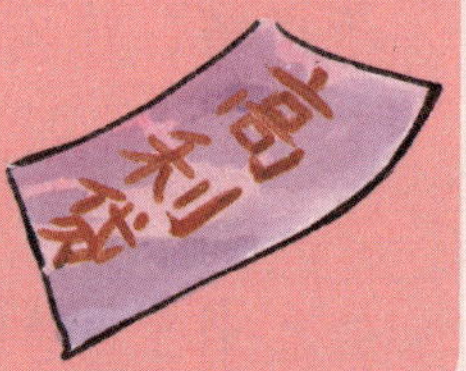

人物介绍

姓名：田甜　性别：女
年龄：10 岁
性格特点：开朗，乐观，充满活力，善于表达自己的需求和想法。

姓名：乐乐　性别：男
年龄：10 岁
性格特点：善良，热心，有责任心，善于发现问题并乐于思考。

姓名：唐欣　性别：女
年龄：10 岁
性格特点：活泼开朗，喜欢追求时尚，有主见，敢于表达自己的想法和感受。

姓名：吴迪　性别：男
年龄：10 岁
性格特点：好奇心强，善于思考，有责任心和团队精神。

第一章　成本思维：简单易行的经济思维常态

妈妈的“生意经”

乐乐的妈妈经营了一家“鸡蛋饼”店。为了招揽顾客，她在鸡蛋饼里额外放入了油条和生菜叶，生意比原来更火爆了。

暑假的一天，乐乐和爸爸去妈妈店里帮忙。妈妈让爸爸去剥生菜叶并洗干净，乐乐去负责卷油条和生菜叶，装上袋子后卖给顾客，而妈妈则全心投入到制作鸡蛋饼上。

一开始，效果不错。可后来，妈妈发现排队等鸡蛋饼的顾客多了起来，后面的顾客等不及就走了，而且乐乐手忙脚乱，明显有点儿吃力。

此时，妈妈果断做出决定，让乐乐和爸爸互换工作。5分钟后，我们可以看到效果是显著的：其一，乐乐和爸爸工作起来更顺手了；其二，顾客拿到鸡蛋饼的速度也加快了，妈妈的脸上也露出了轻松的笑容。更重要的是，按这个速度，在早餐高峰时段能多挣不少钱呢！

原来机智的妈妈意识到，对于“剥洗生菜”这项工作，乐乐和爸爸所用的时间相差并不大，但是“卷油条和生菜叶并装袋”这项工作，爸爸却比乐乐熟练得多。所以将工作互换之后，能节省很多时间，也减少了顾客流失！从那之后，乐乐和爸爸更佩服会算“时间成本”的妈妈了！

案例中的经济学智慧

妈妈的“生意经”在于掌控“时间成本”。在现实生活中，有些时候，时间成本比金钱成本更昂贵。乐乐的妈妈就是一位掌控“时间成本”的高手，通过估算时间成本，果断让爸爸和乐乐互换了位置，收获了更大的价值。

乐乐妈妈在平时的经营中，一定是重视“时间成本”的，否则也不会在遇到问题时，能第一时间做出正确的调整，成功挽回了可能流失的顾客。

经济学小课堂

时间成本是经济学中重要的概念，指顾客为想得到所期望的商品或服务而必须耗费的时间换算而成的代价。它不仅是指时间本身的流失，也是指在等待时间内造成的市场机会的丢失。

更多的经济学应用

赶火车或飞机时的“时间成本”

当我们打车去火车站或飞机场时，时间很紧，如果途中又遇到比较拥堵的路段，我们就要算好“时间成本”，果断请司机师傅绕路而行。此刻，我们的关注点在于如何节约时间，提前赶到火车站或飞机场。假设为了节省绕路所产生的费用，赶不上火车或飞机，那就成了“捡了芝麻，丢了西瓜”。延误火车或飞机所产生的影响和费用远远超出绕道所产生的影响和费用。

校园里“义卖活动”的“时间成本”

学校组织学生进行“义卖活动”，总是有时间限制的。如果活动只有一节课，就需要提前和同学策划好义卖流程，并找有经验的老师支招，再完善流程，然后还要在最短的时间卖出最多的物品，这就需要买卖技巧和周密的安排来确保将“时间成本”降到最低。

爷爷的“两全其美”

爷爷把乐乐每年的“压岁钱”存到银行，然后将每年产生的利息取出来给他当“零花钱”。等到乐乐上小学四年级时，乐乐的“压岁钱”已经存到了8000元。每每想到自己有8000元的存款，乐乐别提多开心了，并叮嘱家人，没有自己的允许，不能随意支配这笔钱。

今年过年，乐乐爸爸看准一个商机，手头钱不够，想起了乐乐的8000元“压岁钱”。于是他找乐乐说明情况，并答应乐乐一年后连本带银行利息还给他。没想到乐乐拒绝了，还委屈地哭了起来……

此时爷爷神秘地对乐乐说：“乐乐，我知道你舍不得这笔钱，但爷爷要和你算笔账，算完后你再决定帮不帮爸爸。你现在有 8000 元，存银行的利率是 2%，一年收益为 8000×2% = 160 元；如果用来帮爸妈做生意，利率是 8%，一年收益为 8000×8% = 640 元。你算算，哪一个更合适？”

乐乐恍然大悟，说：“我明白了。”然后他又转头向爸爸说道：“爸爸，我同意把钱借给你投资经商了，但要记得，一年后不仅要归还本金，还要兑现 8% 的收益哦！”

爷爷听后，边笑边说：“我的宝贝孙子也懂得利用‘机会成本’了！”

案例中的经济学智慧

1. 机会成本帮你做出“最优选择”。当爷爷给乐乐讲了存银行和帮爸爸做生意这两种不同形式的“机会成本”后，聪明的乐乐意识到帮爸爸做生意的回报更大，而且又能帮到家人，于是就开心地借给爸爸了。爷爷用乐乐现有的资源进行了估算，让乐乐明白，要想获得更大的收益，就要放弃成本中最大价值的那部分。

2. 挣钱和感情可以“两全其美”。爷爷洞悉乐乐的心思，于是凭着自己的智慧，想了一个“两全其美”的办法。既让乐乐心甘情愿拿出钱帮助爸爸，解决乐乐爸爸资金短缺的燃眉之急，又能让乐乐学到“机会成本”的精髓，真可谓“一箭双雕”！

经济学小课堂

“机会成本”是一个重要的经济学概念，指的是在做出某种选择时，所放弃的最大收益。例如，如果农民选择养猪就不能同时养鸡，那么养鸡的潜在收益就成为养猪的机会成本。

更多的经济学应用

校园种植时的“机会成本”

为引导学生奉献爱心，有的学校设置了“爱心义卖种植区”。如果想在种植区种玉米，就不能再种蔬菜，种菜的机会成本就是放弃种玉米的收益。所以在做出选择时，我们应该算好“机会成本”。

畅销书出售或出租时的“机会成本”

假如你手里有一本价格不菲的畅销书，同学们都想一睹为快。这时有两种情况供你选择，有的同学看到你这本书还很新，想以 50 元的价格买下来占为己有，还有的同学想通过租书的方式租这本书，租费一天 2 元，这本书看完至少需要 3 天，而想租的同学大概有 20 人。此时的你该如何选择呢？当我们选择把书卖掉时，机会成本就是租书的收益，也就是 $2\times3\times20=120$ 元；我们选择租书时，机会成本是卖书的收益 50 元。我们理所当然会选择“机会成本”小的选项，也就是租书，尽管来钱慢，但回报大。

一场“不欢而散”的电影

放学路上，唐欣向田甜讲述了周末和爸爸、妈妈一起去看电影的经历。

“田甜，你不知道，我们看的这场电影太没意思了，电影还没放完，我们就提前退场了！”

“什么情况？快和我详细说说。”田甜惊奇地问道。

时间回到上周。上周日是唐欣妈妈的生日，为此，唐欣和爸爸特意准备陪妈妈看场电影。为了给妈妈一个惊喜，电影的场次和内容都是唐欣爸爸定的，而且因为是周末，电影票的价钱比平时要贵。到了周日，中午吃完蛋糕，爸爸和唐欣才把这个消息告诉妈妈，妈妈也很期待。

电影开场后，唐欣就感觉电影没有想象的那么有意思。开演一个小时后，她听到爸爸自言自语说真没意思，边说边看了看身旁的妈妈。

“爸爸，这么没意思，不如咱们走吧？”唐欣试探地问。

“不看完，太浪费了！”爸爸惋惜地说。

这时，妈妈小声对唐欣和爸爸说：“走吧，别再为无法挽回的经济损失浪费时间甚至煎熬了。”

后来，在妈妈的提议下，一家人用节省下的一个多小时去逛了自然博物馆，感觉特别好玩、特别有意义。

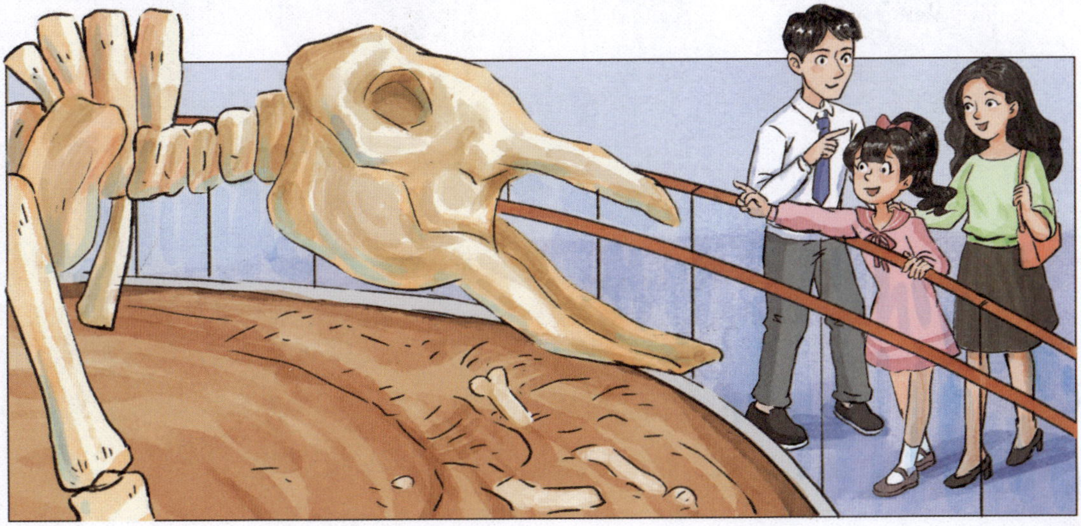

案例中的经济学智慧

1. 妈妈的智慧在于接受“沉没成本”。当发现放映的电影没意思时，唐欣和爸爸选择继续把电影看下去，妈妈却果断选择了退场。在这个过程中，妈妈接受了“沉没成本”，然后重新选择一个新目标，让更有意义的“博物馆之旅”治愈了“沉没成本”给家人们带来的负面影响，妈妈的做法真是明智之举。

2. 周密策划的重要性。唐欣和爸爸本来是想给妈妈一个惊喜，如果能再提前规划一下，或许可以买到价格便宜的票；如果能多了解一下影评，或许能选择更有意义的电影去看，从而避免中途退场的情况发生。

经济学小课堂

“沉没成本”，又称“过去成本”，是指已经付出的、无法收回的成本，也可以理解为已经投入的时间、物力和精力等。这些成本通常是通过前期投资、生产、研发等方式产生的。

更多的经济学应用

刚买的物品想卖掉时的“沉没成本”

刚买的物品，因为不喜欢或不合适而出售时，价钱也会打很多折扣，但不卖的话，物品折旧会越来越厉害。这个时候我们要果断选择出售，而不是拖到物品越来越旧、越来越不值钱时才后悔。

网购了不适合衣服时的“沉没成本”

在网上买了一件衣服，但穿上之后感觉不适合自己，直接退回的话，需要自己支付运费，而且这件衣服自己已经期待了很久，所以有些犹豫。这时候，我们应该选择接受“沉没成本”，自己支付运费并退回衣服，因为比起运费，这件衣服长期搁置所损失的“沉没成本”会更大。

第二章　边际思维：重在当下的经济追求排序

“吃一碗送一碗”的馄饨

下课了，吴迪兴冲冲地跑去找他的好朋友乐乐。

“乐乐，今天中午我请你吃馄饨。”吴迪兴奋地说。

“有什么好事呀，要请我吃馄饨？”乐乐不解地问。

“别问了，到时你就明白了。”吴迪故作神秘地回答。

放学后，吴迪领着乐乐来到校门口的馄饨店，拿出两张带章的消费小票。不一会儿，两碗热气腾腾的馄饨上来了……

原来，吴迪爸妈前两天来这家馄饨店的时候，正好赶上买一送一的活动，给了两张消费券，这不，吴迪今天就约着好朋友，来兑现福利了！

回到家，吴迪好奇地问：“妈妈，‘吃一碗送一碗’的活动会让馄饨店赔钱吗？”

“当我们都觉得这个活动不错的时候，这家店就会在短时间内被更多人知道。”

“对，口口相传，顾客会越来越多！”

“这是一种招揽顾客的策略，不过，活动仅限一周。”

“那为什么非要等两天后兑现？”吴迪疑惑地问。

“你想想，妈妈相信你一定能猜到。”

“马上兑现，顾客回头率就低了。”吴迪若有所思地回答。

“是这么个道理！”妈妈满意地点点头。

案例中的经济学智慧

1.“吃一碗送一碗”目的是吸引更多顾客，其实是商家营销的策略。开始可能不会赚钱，甚至有可能亏钱，但促销活动是为了“锁客”，为了做口碑，为了吸引更多的顾客来消费。更重要的是，这个优惠活动时间不长，一般 5 ～ 7 天，附近能接触到的顾客，基本上也都覆盖到了。

2.“两天后再兑现”其实是遵循了经济学中的“边际思维”。馄饨店规定“吃一碗送一碗”，送的那一碗要两天后才能兑现，这是对“边际思维”的灵活运用。如果马上就能兑现第二碗，顾客在吃饱的情况下再吃第二碗，感觉就不如第一碗那么好吃了。

经济学小课堂

锁客是指把顾客牢牢锁定，带来长远利润、长久发展的策略。具体来说，其就是要提升门店的信赖感，让新顾客变成老顾客，甚至成为粉丝。常见的锁客方式包括口碑锁客、会员锁客、互动锁客等。

更多的经济学应用

帮爸妈进行商店策划时的“锁客”

如何留住顾客，让顾客持续消费？这是实体店都在思考的问题。在实体店经营越来越难的时候，我们可以运用经济学知识多想点策略。比如，通过提供优质产品及服务，树立良好的口碑，实现“口碑锁客”；通过预付款、会员折扣、积分和会员特价等方式实现“会员锁客”；通过和客户经常聊天、进行业务之外的接触、给予客户特殊身份等实现“互动锁客”。

校园义卖时的“边际思维”

义卖时，很多同学都把自己闲置的书拿出来卖。为了吸引顾客，第一本书原价出售，第二本书半价出售，第三本4折出售，这样的策略可以帮助我们尽快把书卖出去。

“越穿越舒服”的轮滑鞋

田甜要参加学校轮滑队，妈妈按她说的样式和大小在轮滑鞋专卖店买了一双崭新的轮滑鞋。妈妈说之前田甜的好友唐欣，在该店买过一双，算是老顾客了，店家就给这双鞋打了 8 折。

“田甜，妈妈给你买了轮滑鞋，放下书包快来试一下！”

“谢谢我的好妈妈！”田甜边说边穿起了新鞋子。

“爸爸妈妈来扶我一下吧。”

就这样，田甜在爸妈的帮助下练习起来……

可滑着滑着，田甜的表情不那么高兴了。

“田甜，咋啦？是哪里不舒服吗？”

“妈妈，这双鞋穿起来的感觉，不如唐欣那双舒服。您是从专卖店买的吗？”

“当然了，因为唐欣买过同款式的鞋子，这双还给了 8 折优惠呢。是不是买小了？”

爸爸用手指测量了这双鞋和田甜脚后跟的位置后说：“田甜，这双鞋不小，这样，你先穿着，在学校训练三次后，再感觉不舒服的话，爸妈给你换！”

训练三次后，田甜就对新鞋子“爱不释手”了。鞋子没有再换，价格还比唐欣那双便宜了不少。

案例中的经济学智慧

1. 妈妈的智慧在于对“从陌生到熟悉”的把握。田甜妈妈在买轮滑鞋时，如果不提唐欣买过鞋这件事的话，店员对田甜妈妈就是完全陌生的状态，也许就会一分钱也省不下了。

2. 爸爸的“阻拦”来源于对“边际效用递增”规律的掌握。当田甜因新轮滑鞋不舒服而提出换鞋时，爸爸发现这种不舒服可能是因为新鞋子没有磨合好的缘故，基于“边际效用递增”规律，爸爸提出让田甜坚持穿三次的建议，三次后的结果也正如爸爸所料。

经济学小课堂

“边际效用递增”规律是经济学中一个重要的概念，用来描述在特定条件下，消费或使用额外产品或服务所带来的满足程度的变化。这个规律被广泛运用，对我们理解人们的消费行为和资源配置有着重要的启示。

更多的经济学应用

网购手套或鞋等商品的“边际效用递增”规律

刚买来的手套或鞋子总会有“不舒服”的感觉，如果是因为码数过小导致的，那就需要退换；如果码数没问题，那就无须退换，因为经过一段时间的“磨合”，手套会越戴越舒服，鞋子会越穿越合脚。

网购新玩具车或小自行车的“边际效用递增”规律

给弟弟妹妹网购玩具车或小自行车时，最好是选择可以“七天无理由退货”的。若没有这种选项，就选择付账方式为“先到货后付款”的，这样就可以在拿到新车时，让弟弟妹妹磨合一下，没问题再支付，有问题就退货。无论是“七天无理由退货”还是“先到货后付款”的支付方式，都遵循了“边际效用递增”的经济学规律，因而也越来越受到消费者的喜爱。

“眼花缭乱”的促销衣服

年前，田甜在汉服店相中了一件汉服，因为价钱太贵放弃了。

年后，田甜和妈妈又来到了那家店，那件汉服价钱由原来的 260 元降到 200 元了。

“妈妈，这件汉服我年前就相中了，可没舍得买，现在便宜了，可以给我买一件吗？”

“田甜，妈妈看你穿着挺漂亮，价钱也合理，咱们买下吧。”妈妈爽快地答应了。

付款时，服务员热情地补充道：“若再买一件，第二件半价，相当于两件衣服平均只要 150 元，这样更划算！”

妈妈微笑着说：“谢谢，只要这一件，请包好吧。”

回家的路上，田甜好奇地问：“妈妈，买两件汉服，每件才 150 元，您觉得还不够便宜吗？”

“田甜，你不应该去计算平均单价，这样会掉入营销者的‘思维陷阱’。你应该思考的是：第二件衣服能给你带来多大的满足感？是否值得额外再花 100 元？汉服改版很快，过不了多久，你就会发现你现在买的样式很快被新样式替代，你不觉得为下一次买新款式省下 100 元会更明智吗？”

听了妈妈的解释，坐在车后面座位上的田甜开心地笑起来。

案例中的经济学智慧

1. 正是因为妈妈懂得经济学中“边际思维”对人或商家的影响，所以才会果断做出“只买一件”的决定。

2. 妈妈的智慧还在于懂得避开“思维陷阱”。当田甜提出质疑，感觉买两件更划算时，敏锐的妈妈知道田甜是掉进了商家设计的“思维陷阱”。这里的“陷阱”就是让人觉得买两件的平均单价比单买一件还便宜，从而做出错误判断。

经济学小课堂

思维陷阱是指我们在思考和决策过程中，容易陷入的一种错误或偏见模式。这些“陷阱”的最大危险在于它们十分不易察觉，以至于在不知不觉中导致我们犯下错误或造成判断和决策出现偏差。

更多的经济学应用

走亲访友时“边际思维”的运用

走亲戚前，我们通常需要购置一些年礼，如牛奶。那么就可以考虑找一家正在进行“买一赠一”或“第二箱半价，第三箱 8 折”等促销活动的商店购买，这样可以节省不少的资金。

过年买衣服时“边际思维”的运用

过年买衣服时，若恰巧自己和好友都喜欢同一种款式，就可以到进行“第一件全价，第二件半价”或“第一件全价，第二件 6 折”等促销活动的服装店购买。可以由一人支付完两件衣服的价钱后，再算出平均价，让另一人支付给对方平均价即可。

第三章　折现思维：及时享乐的经济价值追求

“远水”与“近渴”

吴迪和弟弟平时学习不错，可最近一段时间，爸妈发现兄弟俩的成绩都有下滑。观察之后发现，是沉迷网络游戏导致的。爸妈一商量，想出了一个让兄弟俩不再沉迷游戏的好办法。

“我宣布，从今天起，你们兄弟俩若能在写完作业后不看手机，而是看课外书或锻炼身体，爸妈给每人每天奖励 5 元，20 天后根据你们的表现发奖金。”爸爸郑重其事地说。

“好呀，好呀，今天我们就可以开始赚钱啦！”兄弟俩兴冲冲地跑去看书了。

5 天过去了，兄弟俩除了第一天很自觉，其他 4 天，还是有偷看手机的情况。

“莫非钱少，要不再加点？”爸爸提出了建议。

“不用，我再换一种办法试试。”妈妈自信地说。

晚上，兄弟俩写完作业，又被妈妈叫到客厅。

“孩子们，今天起，爸妈准备提前支付，每人 100 元，不过 20 天内若有违约，每天扣 5 元。”

提前拿到 100 元奖励的兄弟俩比上次还开心。

20 天到了，爸妈惊喜地发现，兄弟俩完全遵守规定，一分钱也没扣，考试成绩也比原来更好了。

案例中的经济学智慧

1. 妈妈的智慧在于用“远水”解决了“近渴”。当发现20天后结算的方式无法让兄弟俩远离手机，妈妈遵循“折现思维”，果断转换了方式，利用兄弟俩对即时奖励的渴望，把“远水”变成了“近水”。当兄弟俩拿到钱后，非常珍惜现在所得，不舍得被扣钱。于是当在玩手机和读书、锻炼之间进行选择时，兄弟俩果断放弃了手机，学习成绩也随之提高。我们不难看出妈妈的做法非常明智。

2. “超前”支付。妈妈没有受到原来的方式失败的影响，而是将“延后”支付方式换成更利于调动孩子积极性的“超前”支付，极大提高了兄弟俩的积极性，收到了预期的效果。

经济学小课堂

超前支付，也称为超前消费，是一种特殊的消费模式，它强调消费者把消费预期提前到现在某一时点。这种消费模式通常涉及使用信用卡、贷款或其他借贷方式来购买商品或服务，而不是等到有足够的储蓄时再进行消费。

更多的经济学应用

超前支付（消费）的好处

超前支付（消费）可以让人们提前享受到一些高品质的生活，尤其是在经济允许的情况下，它能够提升生活品质和幸福感。

超前支付（消费）的弊端

超前支付（消费）要有度，过度超前消费会导致经济压力增加，许多人因此成为“月光族”，甚至陷入债务危机。这不仅影响个人财务健康，还可能引发法律问题和社会问题。

我们的小秘密

课后，吴迪悄悄对乐乐说：“乐乐，我遇到了难题，你能帮我吗？”

“凭咱俩这关系，只要我能帮上的一定帮，你快说是啥事！”

“我看上了一套装备，还差 200 元，不想借父母的，可以借你的吗？等明年过年时，我用压岁钱还你，你看行吗？”

“行是行，就是我的压岁钱都在妈妈那儿，我需要回家和妈妈商量一下。”

“这样，你和阿姨说，明年还钱时，我给你 5% 的利息，不让你吃亏，好兄弟明算账。”

“行，那我回家和妈妈说说，争取明天就把钱拿来。”

回到家后，乐乐把吴迪借钱的经过和妈妈说了。

乐乐说：“按说，这件事应该让吴迪的爸妈知道，可那样做明摆着不信任吴迪了。”

“妈妈，我选择信任吴迪！”乐乐思考片刻后决定。

“你真打算要吴迪的利息吗？”

“我和吴迪是好朋友，是不会要他利息的。但我现在不拒绝是想让吴迪明白，借别人的钱就相当于提前把自己未来的钱花了，还给别人带来不便，所以给别人一点补偿也是应该的。等一年后他还钱时，我会用利息请他吃汉堡的。”

妈妈听后，向乐乐竖起了大拇指。

案例中的经济学智慧

1. 提出偿还利息会使借钱更容易。吴迪在向乐乐借钱时，考虑到乐乐的损失，提出偿还利息，增加了乐乐妈妈和乐乐对他的信任度，借钱变得更容易。

2. 经济社会中情谊最无价。乐乐虽然收下了吴迪的利息，但在他心里，友情远远比利息更重要。但乐乐担心直接把利息还给吴迪，吴迪会不接受，于是用请吴迪吃饭的办法巧妙地处理。

经济学小课堂

利息是指在借贷关系中由借入方支付给贷出方的报酬，是租用资金的代价。无论资金是否贷出或借入，利息都被视为理所当然的收入或支出。

更多的经济学应用

借钱时的小“利息”

没有任何一个人愿意把钱借给一个丝毫不懂感恩的人。所以，当别人爽快借钱给我们时，我们一定要心存感恩。即使没有索要利息，还钱时，也可买点小礼物表示一下感激之情。因为能在关键时刻借给你钱、愿意真心帮助你的人是难能可贵的朋友。

父母借你压岁钱时的小“利息”

当爸妈因急用想借你的压岁钱或零花钱，而你不想因为不借让爸妈伤心，但又为损失银行利息而感到惋惜时，可提出让爸妈给自己加点小利息或买个心仪的小礼物作为补偿，这样你就会更加开心地把钱借出去，同时也帮爸妈解决了难题。

两种不同的选择

“爸爸，我有问题想问问您。”一到家，乐乐着急地找到爸爸。

原来那天下午的班会上，来自财经大学的大哥哥和大姐姐给他们上了节有趣的“财经课”，课上大哥哥和大姐姐出了两个选择题，并对同学们的答案进行了统计。

第一个题是：

A. 10 年后给你 10000 元　　　　B.10 年零 1 个月后给你 11000 元

经过统计，乐乐班绝大多数同学选的是 B。

第二个题是：

A. 现在给你 10000 元　　　　B.1 年后给你 11000 元。

经过统计，这次，乐乐班全部选择的是 A。

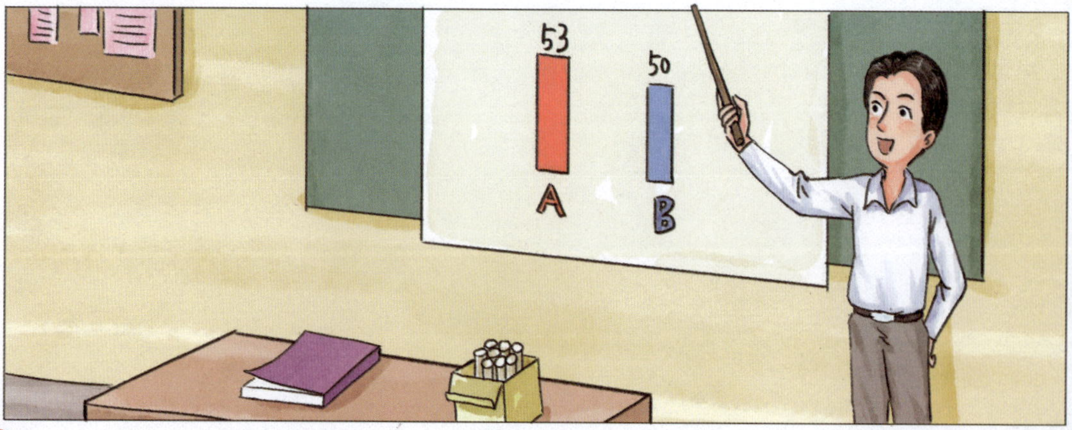

“爸爸，对这个结果我很疑惑。虽然大哥哥、大姐姐解释原因了，可我还想听听您的看法！”乐乐虚心地说道。

“儿子，当回报离我们很遥远时，我们的感受就不如及时回报那么强烈。第一个选择中，大家会想，10 年都等了，也不在乎多等一个月，所以选择了 B，但当回报就在眼前时，大家一刻都不愿意等，除非你给我更多的利息，我或许才会改变主意。这就是经济学中的‘折现思维’。”

“爸爸，您解释得真透彻，不愧是金融学霸！”乐乐崇拜地说道。

案例中的经济学智慧

1. 今天能拿到的钱不要等到明天。根据同学们的选择，我们不难看出，同学们对越接近的利益越急切。今天能拿到的 10000 元和明天、一个月后、一年后拿到的是不一样的。钱会折损，物会折旧，所以当利益近在咫尺时，大家一般都是选 A。

2. 保持学习，用能力和智慧使自己增值。在知识爆炸的时代，我们每天都被无数信息和观点所包围，尽管我们接触了大量知识，但真正为我们所用的很少。所以，我们要从“知道”转向“做到”，对碎片化的知识进行归纳总结，真正把知识转化为能力，用能力和智慧来让自己增值。

经济学小课堂

折旧，通俗来说，就是一个固定的资产经使用一段时间后，价值会被损耗，如汽车、房屋、生产设备和家具等使用一定年限后都会折旧。

更多的经济学应用

校园义卖时“折现思维”的运用

学校组织义卖时一般要求待售物品处于8成新的状态，太旧的一般卖不出去。但有些同学把握不好什么是8成新，把一些很旧的书籍或玩具也拿来了。此时会销售的同学想出了买一赠一，即买一本再花2元送一本，或是1元、2元、5元区的好方法，把许多无人问津的书籍或玩具一块儿打包卖出去。

用能力和智慧使自己增值时“折现思维”的运用

把平时的零花钱、压岁钱存入银行可以积累财富，但如果用来投资自己，也是个不错的选择。比如，阅读增值——购买课外书籍，通过阅读拓宽视野、增长智慧；运动增值——购买运动器械，定期进行体育锻炼，增强体质；人脉增值——通过给朋友、家人买小礼物等方式，建立积极的人际关系，提升自己的社交价值。

第四章　逆向思维：最有智慧的经济创新表现

大钱小花，小钱大花

吴迪妈妈一开始每天给他 5 元零花钱，结果发现，一天下来，吴迪非但一分不剩，还央求妈妈再加点。

吴迪：“妈妈，一天 5 元太少了，贵一点的雪糕都买不了！”

妈妈：“吴迪，5 元已经不少了，你要学会节省。”

后来，在爸爸的提醒下，妈妈试着把一周的零花钱一块儿给吴迪。吴迪拿到 35 元时可开心了，而妈妈有点儿忐忑，担心吴迪会一下就把一周的钱给花光。

一周后，妈妈询问吴迪的零花费消费情况，欣慰地发现吴迪的零花钱非但没有花完，还有结余。

爸爸鼓励妈妈再放手一点，于是妈妈把一个月的零花钱一块儿给吴迪，看看吴迪又会有怎样的表现。

一个月到了，妈妈惊喜地发现，吴迪只花了 50 元，竟还存了 100 元！

原来，吴迪在收到一笔“小”的零花钱时，很轻易地就花光了，毫不心疼。当他拿到 150 元的“大额”零花钱时，他却小心谨慎地使用，生怕多花一分。更令人欣慰的是，吴迪还有了存钱的意识。

案例中的经济学智慧

1. 用好存在大脑里的“心理账户”。“心理账户”是我们心中的一个“隐形账户”，它引导我们做出不一样的决策。当吴迪把每天的 5 元当成“小钱”放到“零花钱”账户中时，花起来根本不心疼，也导致了不够花的情况。但当他把 150 元当成“大钱”放到“储蓄”账户时，花钱态度就完全不一样了。

2. 小细节里的大智慧。吴迪爸爸、妈妈给吴迪零花钱，是希望吴迪能通过管理零花钱，学会理财，并能体会父母挣钱的不易。

经济学小课堂

“心理账户”是著名经济学家理查德·塞勒于 1980 年提出的，指的是每个人在心里对相同数额的钱并不是一视同仁的，而是根据资金的来源和支出的不同，分门别类地放在不同的心理账户。

更多的经济学应用

“压岁钱”的处理可以“大钱小花”

每年的压岁钱我们可以分类处理，一部分存银行，一部分放入存钱罐，一部分购买必需品，实现“大钱小花”。

表达对长辈的爱可以“大钱小花”

每年在妇女节、母亲节、父亲节、自己的生日和爸妈结婚纪念日等都可以适当消费，表达自己的爱意，实现“大钱小花”。

对自我的奖励可以“大钱小花”

每当自己成绩考得不错，作品获奖，或是克服了一个坏习惯时，可以适当奖励一下自己，实现“大钱小花”。

别具一格的马面裙

田甜想参加马面裙展示，央求妈妈给她买一件。

妈妈考虑到“马面裙”的价格不菲，再说也穿不了几天，就从古装店花 50 元租了一件。而兴奋的田甜正憧憬着穿上裙子后的精彩表演……

可没想到的是，周日晚上，田甜的马面裙不小心被钉子划破了。妈妈提出缝补或明天去换一件的建议，可心急的田甜还是不停地哭泣……

妈妈灵机一动，对田甜说：“别哭了，去睡觉吧，妈妈有办法让你明早穿着漂亮的马面裙去展示。”

田甜停止了哭泣，半信半疑地睡觉去了。

第二天一早，田甜惊奇地发现它的裙子一夜之间变得更美了。

原来，昨晚妈妈突发奇想，把划破的地方，用剪刀剪成了圆形，又在“圆形”周围剪了大小相同的“圆形”，并精心饰以彩边，就像是为马面裙增加的镂空设计，好看极了！

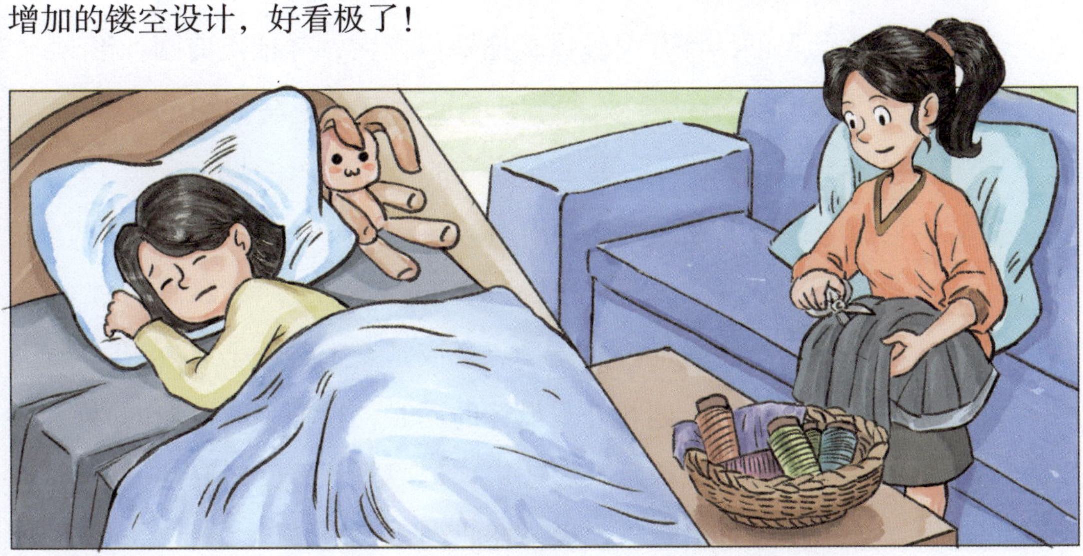

田甜兴冲冲地穿着改好的马面裙参加了展示。展示很顺利，田甜的马面裙也因为别具一格的设计备受大家的喜爱。

妈妈把“镂空”设计的马面裙照片发给出租店老板，老板非但没让赔偿，还夸妈妈的手真巧！

案例中的经济学智慧

1. 把缺点转换成亮点。田甜妈妈采取了“将错就错”的逆向思维，从缺点入手，打开突破口，把缺口弄大，并依次剪圆，形成“镂空”设计，不仅有效弥补了不足，而且把马面裙的“缺点”巧妙转化成“亮点”。更令人惊喜的是，大胆的设计征服了古装店老板，经济上也没有额外损失。

2. 打破常规，创新外观设计。遇到这种情况，妈妈们通常的做法就是想尽办法缝补得漂亮一点，或是交上赔偿金并再租一件。而田甜妈妈在敢于创新外观设计的同时，根据平时获取的时尚资讯，站在时尚的最前沿大胆改进，形成既独特又时尚的外观风格，结果不仅经济上免受损失，还收到了一众好评。

经济学小课堂

“马面裙”为什么能火？“马面裙”的兴起不仅是因为其古老的外观和文化传承，更是因为它所代表的文化创新。改版后的“马面裙”，以其时尚的外观吸引了年轻人的眼球，这种消费文化理念的崛起，必将在今后很长一段时间占据时尚主流的位置。

更多的经济学应用

别出心裁的宣传推销

有一个做酒店生意的老板，为了宣传和推销本酒店的产品，别出心裁想出了一个靠逆向思维赚钱的好办法。这位老板在酒店之外的大街上建造了一个很漂亮的小屋，在小屋四周打了一些圆孔，并挂上一块极为醒目的大牌子，上面写着三个引人注目的大字：“不要看。”这三个大字充分勾起了来往路人的好奇心，都禁不住从圆孔处往里看。这家酒店的生意一下子变得兴隆了。

这位酒店的老板很精明，用“不要看”三个字成功地利用了人性中的好奇心和人们的逆反心理——越是不让看，就越好奇、越想看。不难看出，其诀窍也正在于逆向思维。

被去掉的西红柿

在班级组织的“智慧分享”主题班会上，唐欣分享了“被去掉的西红柿”的故事，其中智慧的妈妈给老师和同学们留下了深刻印象。

有一次，唐欣和妈妈去集市买菜，唐欣最爱喝西红柿鸡蛋汤，她们便来到一个卖西红柿的摊位。这个摊位的西红柿又红又大，母女俩挑了5个红彤彤的西红柿放到秤盘，摊主称了下，随口说道：“两斤半，6元8毛。”

这时唐欣妈妈想了想，自言自语道："做汤喝，用不了这么多。"说着去掉了其中最大的一个西红柿。

此时的摊主又看了看秤，又说道："两斤二两，6元。"

此时唐欣发现周围有人把目光投向妈妈，好像在提醒妈妈注意摊主的秤，反应过来的唐欣也有点儿奇怪，心想："最大的西红柿怎么这么轻？"正当她疑惑地看向妈妈时，妈妈竟从容地支付了8毛钱，拿起刚刚去掉的那个最大的西红柿，拉起满脸疑惑的唐欣，扭头就走了。

摊主哑口无言，呆立原地。

案例中的经济学智慧

1. 经商智慧有一条是“反其道为之”。妈妈的“反弹琵琶”，让唐欣见识了逆向思维在经济交易中的灵活运用。唐欣通过班会，把妈妈的买菜智慧分享给了更多的人。

2. 不懂装懂的技巧。生活中，为了避免摊主的“缺斤少两”，即使我们看不懂杆秤，眼睛也要盯着它，假装能看懂的样子，嘴里还可以补充一句“可要够秤呀，我一会儿回家还要再称一下的”，这样也能避免遇到占小便宜的商贩。

经济学小课堂

逆向思维也称求异思维，它是对司空见惯的或已成定论的事物或观点反过来思考的一种思维方式，是经济学中最智慧的体现。它让思维向对立面的方向发展，从问题的相反面深入地进行探索，从而树立新思想、创立新形象。

更多的经济学应用

买衣服的逆向思维

我们买衣服时，一般能想到的办法是买打折的，或者多砍价，或是年前上市的衣服改到年后再买，这些方法都可以节省不少资金。但还有一种“反季购买”的方法能节省更多资金。夏天的时候买冬天的衣服，冬天的时候买夏天的衣服，虽然不一定能买到最时尚的款式，但这种“逆向思维”可以省下不少钱，甚至还能多买几件。

“重冷门”的逆向思维

有个地方盛产柑橘，各地客商纷纷云集该地。当所有的货物订完合同后，有个商人才姗姗来迟，他不慌不忙，收购了所有盛柑橘的箩筐。结果可想而知，各路人马纷纷求助于该商人，要买他的箩筐，他因而赚了大钱。生意场上，“热”过之后必为“冷”，“冷”过之后又会“热”，这是经营中“热”与“冷”的辩证关系。所以，生意场上，真正能赚大钱的人，不会一味去赶热门，而是善于发挥逆向思维，用敏锐的眼光去观察、发现一些常人所不注意的东西，也就是“重冷门”。

巴菲特的财富传奇

沃伦·巴菲特，被誉为“股神”，其理财智慧和投资策略深远地影响了全球。

他自幼展现出对数字和商业的热爱，通过小生意积累初始资金。大学期间，他师从本杰明·格雷厄姆，奠定了价值投资基础。

巴菲特专注于寻找价值低估的公司并长期持有，无视市场短期波动。他精准把握市场机遇，如20世纪70年代低价购入《华盛顿邮报》股票，终获丰厚回报。

巴菲特的成功并非偶然。他每天花费大量时间阅读公司财报、研究市场动态。他注重公司的管理层素质、行业竞争格局以及企业的长期发展前景。

如今，巴菲特的财富帝国不断壮大，他的投资理念也成为理财济学领域的宝贵财富，激励着无数投资者追求长期稳定的财富增长。

林奇的投资智慧

彼得·林奇是知名投资大师，他在富达基金公司凭借勤奋和敏锐洞察力脱颖而出。

他倡导从生活中发现投资机会，认为普通投资者因贴近市场而具优势。

林奇通过观察日常消费趋势，如妻子喜爱的服装品牌和孩子偏好的玩具，发掘了潜在投资机会。

他的商业版图覆盖数百家公司，不论规模大小，只要前景良好、管理出色即纳入考量。

林奇领导下的富达麦哲伦基金业绩斐然，他简化投资理念，普及长期投资与分散投资策略，帮助投资者规划个人投资计划。

他退休后，将自己的投资经验写成书籍，分享给广大投资者，对理财经济学的普及和发展做出了重要贡献。

李明的理财逆袭之路

李明出身平凡，家庭经济状况并不宽裕。他目睹家庭艰辛现状，立下改变命运之志。

大学毕业后，他赴城市打拼，虽薪资微薄，却勤勉节俭，科学理财。他将每月的收入分成几个部分：必要的生活开支、储蓄、投资和应急资金。

李明的第一笔投资是从基金开始的。他自学理财知识，经历波折后愈加精进。随着收入增长，他扩大投资领域，涉足股市，并成功把握公司上市机遇，财富倍增。经过多年的努力和精心的理财规划，李明不仅在城市里拥有了自己的房产，还积累了一笔可观的财富。他实现了财务自由，不再为了生活而奔波，可以自由地选择自己喜欢的生活方式。

李明保持清醒，适时调整投资组合，涉足房地产，实现财务自由。他乐于分享经验，助人规划财务。李明的故事启示我们：理财需耐心，持续学习、合理规划，方可成就梦想。

少年趣读漫画

经济学

理财经济学

吕晖 隋林汐◎编著

中国旅游出版社

选题策划：超美文化
责任编辑：胡一鸣
责任印制：冯冬青
插图制作：澜星纪元
装帧设计：天下书装

图书在版编目（CIP）数据

理财经济学 / 吕晖，隋林汐编著. — 北京：中国旅游出版社，2025. 1. —（少年趣读漫画经济学）.
ISBN 978-7-5032-7453-4

Ⅰ. F069.9-49

中国国家版本馆 CIP 数据核字第 2024ZT1560 号

书　　名：少年趣读漫画经济学 · 理财经济学

作　　者：吕晖　隋林汐　编著
出版发行：中国旅游出版社
（北京静安东里 6 号　邮编：100028）
http://www.cttp.net.cn　E-mail: cttp@mct.gov.cn
营销中心电话：010-57377103　010-57377106
读者服务部电话：010-57377107
排　　版：澜星纪元
经　　销：全国各地新华书店
印　　刷：三河市腾飞印务有限公司
版　　次：2025 年 1 月第 1 版　2025 年 1 月第 1 次印刷
开　　本：710 毫米×1000 毫米　1/16
印　　张：21
字　　数：23 千
定　　价：120.00 元（全 6 册）
ISBN 978-7-5032-7453-4

前言

本书共6册，分别为《家庭经济学》《生活经济学》《校园经济学》《社会经济学》《商场经济学》《理财经济学》，主要面向的读者群体为高年级小学生、初中生。

本书最大的特点就是贴近学生的阅读习惯，兼具趣味性、可读性和专业性，采用通俗易懂的语言和生动有趣的宫格漫画相结合的形式，表述方式活泼生动、易于理解，带领孩子走近经济学。

书中呈现了大量经济史上的关键人物、典型原理、经济学思维等与学生生活紧密联系的例子，不仅使货币、理财、通货膨胀、通货紧缩、成本思维、折现思维等专业的经济学内容利于理解，还有积分等经济学方法，让学生能够学习实用的经济学知识，重塑对财富、经营、理财等的认识。

书中还融入了投资、理财、决策等多种策略，让学生发现有时“时间成本比金钱成本更昂贵”，从而学会在学习、生活中做出“最优选择”。书中也介绍了商店的各种吸引顾客的方式，使学生真切领悟智慧经营背后的原理，从而学以致用，培养理性消费的习惯。

目录

人物介绍

姓名：田甜　性别：女
年龄：10 岁
性格特点：开朗，乐观，充满活力，善于表达自己的需求和想法。

姓名：乐乐　性别：男
年龄：10 岁
性格特点：善良，热心，有责任心，善于发现问题并乐于思考。

姓名：唐欣　性别：女
年龄：10 岁
性格特点：活泼开朗，喜欢追求时尚，有主见，敢于表达自己的想法和感受。

姓名：吴迪　性别：男
年龄：10 岁
性格特点：好奇心强，善于思考，有责任心和团队精神。

第一章 原始社会的理财经济行为：以物易物

遇啥换啥不挑剔

田甜和妈妈在水果店挑水果。田甜说："妈妈，姥姥家的西瓜熟了，太多，都吃不完，如果能用西瓜换这里的山竹，那该多好啊！"

妈妈说："最初的人类啊，也确实是用东西来换东西的。"

妈妈边挑水果边说："时间长了，原始人发现，经常只吃一两种东西有点单调，于是就想跟别人交换。他们有什么就换什么，从不挑剔。"

“原始人互换东西后，都挺满意，于是就跟更多的人交换不同的东西。”

任意的物品交换，这样的交换对等吗？

田甜感觉这样的交换可能不对等，于是就跟妈妈讨论起来。

案例中的经济学智慧

以物易物不一定是对等的价值交换。野杏和鱼，在我们看来可能不对等，但当时的原始人觉得很值，这就是他们的需求，需求决定了物品的价值。这时候兑换是有什么就来换什么，因为当时物资紧缺，人们愿意用自己拥有的物品换取急需之物。

经济学小课堂

虽然现代社会已经建立了完善的金融体系，但古代的以物易物仍然具有一定的现代价值。它为我们提供了一种新的思考方式，即如何在现代社会中实现资源的有效整合和再利用。此外，以物易物还有助于减少浪费、促进环保和可持续发展。

更多的经济学应用

让价值最大化

26 岁的美国外卖员凯尔·麦克唐纳用一枚红色曲别针与人交换，换了鱼形钢笔，之后换了陶瓷门把手、烤炉……没花一分钱，最后换取了一栋双层别墅的一年居住权！

有的东西，在自己这里不是刚需，而别人喜欢；别人的某样东西又是自己需要的，所以才能实现以物易物。

以物易物中的急需意识

物以稀为贵，急缺的也是非常珍贵的。以物易物过程中，经常是不对等的，如何提升自己产品的价值？一是稀少，二是别人急缺，这两种都是可以提升物品经济的重要因素。

以物易物中的对等

其实，以物易物的过程中，大家还是更想要公平，谁也不想吃亏。所以，在双方交易中，如何能让双方互利，让对方感觉这次交易值得、对等，是很重要的。

理财界新宠儿——陶器

田甜坐在餐桌旁，手中捧着一只精美的陶瓷碗，目光里闪烁着好奇。她转头问妈妈："妈妈，我想知道，我们用的碗最初是怎么来的呢？"

妈妈说："最早的碗，与原始社会的大火紧密相关。那时，雷电常击中树木，引发森林大火。有的动物四处逃窜，有的则被击中，倒在地上，一片狼藉。"

看着田甜皱起了眉头，妈妈继续说："雷雨后，有一个人饥饿难忍，周围没有什么可以吃的东西。突然，他闻到火烧后的地方传来一阵阵的香气，尝试着把火烧后的东西外皮剥掉，结果发现那东西非常好吃。大家知道后，纷纷品尝起了火烧后的食物。之后，大家陆续学会用火进行烤食物、照明、取暖、保护自己等。"

田甜的脸上露出了笑容："妈妈，那我知道了，是不是人们当时不好存放东西，于是用泥巴捏制了泥碗，泥碗被大火烧之后，变坚硬了，所以就成了我们现在的碗了？"

妈妈说："对，你真聪明！大火过后，原始人发现被火烧过的这些容器变得坚硬，非常结实。于是，他们经过不断研究、不断改良，最终制作出了陶器。陶器成了置换界的新宠儿。"

陶器的产生，让原始人的生活发生了重大的变化，大大改善了人类的生活条件。

案例中的经济学智慧

1. 敢于尝试。第一个敢于品尝熟食的人是非常勇敢的，第一个使用火的人也是，他们踏出了第一步，让人类向前迈了一大步。

2. 乐于创造。陶器的产生基于火，是非常具有创造性的发明。陶器的产生，是理财的萌芽时期，后来陶器远销至海外，为中国的经济做出了巨大的贡献！

经济学小课堂

陶器的制作推动了手工业的发展，创造了就业机会，提升了社会经济活力。陶器的贸易也促进了商品经济的繁荣、文化价值的提升以及区域间的经济交流。

更多的经济学应用

陶器的发明是人类早期文明发展的重要标志之一

它改善了食物的烹饪方式。最早人们制作食物的方法仍处于原始的脯、晒、烧、烤、炮、炙等干食阶段，不能对食物蒸、煮、烹、炒，而陶器的发明大大改变了人们烹饪的方式，成就了现在的饮食文化。

它还较好地解决了人类的饮水、用水问题。有了陶器后，人们就能够很好地存储水，以备缺水时使用。

陶器促进了农业的发展，让人们能够安居乐业

现在的陶器已获得全新发展，科学家利用陶瓷优良的绝缘性能，制成了高压输电塔上的绝缘瓷瓶。苏联第一艘宇宙飞船“东方”号外壳就应用了陶瓷烧蚀材料，以确保安全返航。

陶瓷还可以作为切削加工的瓷刀具，成为不会带静电的剪刀和改锥。经过特殊处理的陶瓷材料还可以做成汽车发动机，重量只有金属发动机的一半。

理财明星——职业商人

田甜和妈妈一起逛街，看着琳琅满目的商品，田甜突发其想："妈妈，最初的商人是怎么产生的呢？"

妈妈微笑着望向熙熙攘攘的行人，耐心地对田甜说："原始社会时期，人们由于个体体力差异等方面的原因，产生了两性方面的分工。男性外出狩猎、捕鱼等，女性在家种植、纺织、准备食物等。"

妈妈继续说："随着铜、铁器的大量应用，手工业开始出现，社会上开始有人售卖谷物，加工油、酒等物品。原始手工业是使用简单工具加工制作生产工具和生活用品的产业，比如石器、木器、骨器、角器、牙器、蚌器和陶器等。"

田甜说："我知道了，随着商品交换的规模和地区不断扩大，交换成了比较麻烦的事情，因为交换双方都没有自己需要的物品。"

妈妈说："对啊！这时候需要一些人专门从事商品经营，于是就出现了商人。比如说，酿酒的小王给了商人陈富一坛酒，从商人陈富手中买走了布；打造铁器的小张给了商人铁锹，买走了酒；农民给了商人粮食，买了铁锹；商人再用粮食重新购回了布。据说殷商的人很擅长做生意，那时候商业就比较繁荣了，所以后来就用'商'代表了商业。"

案例中的经济学智慧

任何事物的产生，是基于需求，职业商人的产生也是基于此。

原始社会，遇啥换啥不挑剔。那时候刚刚在生存的边缘挣扎，能有一点剩余的东西，就是非常了不起的。

而当社会进化到一定时期，有了社会分工，有人种植、榨油、酿酒，制作各种手工制品，慢慢有了剩余，简单的以物易物就再也满足不了需求，从而促使商人这个职业的产生。

经济学小课堂

亚当·斯密理论的核心概念是“劳动价值论”，即认为劳动是创造价值的源泉。斯密还提出了“看不见的手”，即市场机制能够自动调节供给和需求，实现资源的有效配置。

更多的经济学应用

供给与需求

生产的玉米如果多，玉米价格就相对便宜；生产的玉米如果少，玉米价格就会昂贵。

商品优劣

同样是玉米，有糯玉米、甜玉米、水果玉米……而每种玉米本身的质量也有好坏，会影响价格。

成本定价

商人从农民、猎人、手工艺人等人员手中收购东西，以能够从中赚取一定的利润来定商品的价格。

品牌定价

同样的商品，有了一定品牌效应，价格自然也会相应提升。

折扣定价

商品堆压就会造成资金流转不畅。商人会将商品通过打折的方式来进行售卖，如反季节商品的低价售卖。

第二章　农业经济理财经济行为：货币为中介

贝壳让理财更顺畅

周一上学的时候，乐乐迫不及待地跟好朋友唐欣分享他周末参观博物馆的新发现。他问唐欣："你知道古代人买东西不用钱吗？"唐欣吃惊地问："免费拿东西？还有这种好事！"乐乐说："不是免费！是用别的东西换，我跟你讲个故事。很久以前，钓鱼人小姜钓了一桶鱼，一个人吃不完，放着又容易坏，他决定用鱼和养羊人老苏换一只羊。"

唐欣："养羊人老苏愿意换吗？"

乐乐："问题就在这里！他现在养羊是为了换一件过冬的大衣。除非钓鱼人小姜能先换到大衣，再用大衣去换羊，否则他们就交换不成。所以啊，钓鱼人小姜最终也没有换到自己想要的东西，还因为路途中耽误了时间而导致自己的鱼变得不再新鲜。"

“慢慢地，大家都发现交换物品有很多麻烦，要么因为对方不需要你的东西而交换不到自己想要的，要么因为交换次数太多而导致有的生鲜变质……找到一件衡量物品价值的工具成为当时的热门话题，上了社会热搜榜。”乐乐接着说。

唐欣：“这个问题可真棘手！”

乐乐：“别担心，聪明的人类总会找到解决办法。‘贝壳’因为自身的优势脱颖而出，一下子成为交易的宠儿，开始大量出现在交易过程中，人类历史上最早的货币诞生了！”

案例中的经济学智慧

中国汉字中与“钱”相关的字大多是贝字旁，那是因为“贝壳”就是人类最早的货币。因为它方便携带的优势，一经问世就大受欢迎，交易也因此变得更加顺畅。

固定的交易货币被确定下来，人类真正的交易也就出现了。但随着交易越多，人类对货币数量的需求也越多，同时对质量的要求也就越高，耐磨损和方便出门成为一枚优质货币的必备条件。渐渐地，贝壳也不再能满足需求，人类又找到了新的物品取代了贝壳，这就是后来大家所熟知的贵金属（金银）、纸币。

经济学小课堂

中国是世界上最早使用货币的国家之一，使用货币的历史有五千年之久。货币的职能包括：价值尺度、流通手段、支付手段、价值储藏手段、世界货币。

更多的经济学应用

一个国家的货币由国家统一发行，任何私人群体无权发行，否则就是违法行为。但除了人民币这种官方货币以外，其实我们生活中还有很多代币，聪明的你有没有想到什么？

代金券

超市里的代金券就是代币的一种。只要符合使用条件，超市代金券可以用来当钱使用。这种代金券通常是纸质的，它们被限制了可使用的时间、金额，以及可以用来获取的服务或者物品，属于离我们的生活最近的一种代币。

电子代币

随着时代的发展，电子代币流行起来，其中最有名的就是比特币。比特币是一种加密的数字货币，不仅可以兑换成一些国家的货币，还能购买虚拟的物品，比如游戏装备或者是现实生活中的商品。它不属于任何国家和金融机构，但可以在世界上很多地方兑换。

上交的钱去哪里了？

乐乐妈妈最近有一笔稿费进账，于是她开心地带乐乐去吃大餐。吃饭的时候，乐乐问妈妈："妈妈的稿费有多少呀？"妈妈笑眯眯地说："扣税后是一万多元。"乐乐不解地看向妈妈："什么是扣税？"妈妈摸着乐乐的头，耐心解释道："税的故事还要从远古时期说起，那时为了争夺土地和资源，两个部落会通过战争获得优先支配权。原本大家自己种地养活自己，现在为了共同的利益，有的人不得不去当兵，忙着打仗，根本没时间种地，土地就空在那里，他们吃饭穿衣全靠别人接济。"

妈妈接着讲述："刚开始还有好心人把自家多余的粮食拿出来，主动为士兵提供补给。但战争不是一天两天就能解决的，长此以往，也没人愿意一直提供。"

乐乐好奇地问："那后来怎么解决的？"

妈妈说："长者召集部落的所有人开了一场大会，专门讨论打仗士兵的供养问题，每个人都有自己的想法，大家你一言我一语，天都黑了。"

"一开始，大家为了利益都不愿意让步。有人抱怨自家的粮食都不够分，拿不出多余的；有人觉得打仗根本不需要这么多人；还有的人甚至抱怨打仗浪费时间。直到长者语重心长说了一席话，大家最终达成共识：共同供养士兵。"妈妈娓娓道来。

案例中的经济学智慧

为了供养打仗士兵，每家每户从自有的粮食或钱财中拿出一小部分，交给管理者统一分配，这样的行为用经济学解释就叫交税。

人类最早的税收行为就来自供养士兵。随着社会的发展，税收被用在了国家的各个地方。大致流程如下，管理者（通常是政府）依据往年的财政收支情况，确定下一年的税收数量，百姓按照要求上交粮食、钱财或者劳动服务。

税收是财政收入的主要来源，税收既要能基本满足国家的财政需要，又不能使税负太重而影响到经济发展与人民生活，这是一门大学问。

经济学小课堂

依法纳税是公民义不容辞的义务，逃避纳税义务既会受到法律的惩罚，也会丧失自己的社会信用。让我们以逃避纳税为耻，以诚信纳税为荣，争做守法好公民。

更多的经济学应用

著名的思想家、经济学家马克思说过："赋税是喂养政府的奶娘。"税收与我们的生活息息相关。你知道身边有谁在交税吗？

我国税收三大主要类型

以我国为例，父母上班获得工资，当工资达到一定的标准是要交税的，这个叫作个人所得税。商店老板进购一批价值 2 万元的商品，2 万元中有一部分就需要交税，这个叫作增值税。你买了一件进口衣服，它比原产地要贵，因为进口商品要按比例交税，这个叫消费税。这些是我国税收的重要组成部分。

依法纳税

税收取之于民、用之于民，为了社会和谐发展，也为了我们的生活更加美好，依法纳税是每个纳税人应尽的责任和义务。

市场是只无形的“手”

乐乐爸爸看着新闻感叹道：“前段时间的食用盐卖脱销，很多人买了囤在家里，往后生产的盐怕是要打折咯！”乐乐好奇地问爸爸：“这是为什么呢？”乐乐爸爸解释道：“你有没有听过以缟制鲁的故事？春秋时期，诸侯国之间相互竞争，不是你打过来，就是我打过去。齐国想灭鲁国，鲁国也想灭齐国，可是双方僵持了很久，一直没分出胜负。于是，齐国的管仲给齐桓公出了一个主意：在齐国推行穿鲁缟。他是一种鲁国制作的轻薄绢布。”

乐乐爸爸继续说：“齐桓公十分不解，管仲神秘兮兮地说，只要按照他的办法做，保证用不了几个月，鲁国肯定派不出人来打仗。没办法，齐桓公只好将信将疑地照做。”

乐乐："管仲真的有这么厉害吗？"

乐乐爸爸说："没想到，这个办法真的有用！鲁国人看到鲁缟在齐国这么有市场，大家为了赚钱，地也不种了，都回家加班加点地生产鲁缟，想要大捞一笔。正当鲁国人以为自己要发大财的时候，齐国突然下令禁止穿鲁缟。"

"仅仅通过人为控制市场上某种商品的数量和需求，齐国不费一兵一卒就大大削弱了鲁国的势力。正是因为他们明白市场是只无形的'手'，利用经济学原理打了一场漂亮仗！这就是历史上著名的经济学故事——以缟制鲁。"乐乐爸爸解释道。

案例中的经济学智慧

市场是一只无形的“手”，管仲就利用了市场对供需关系的调节作用：当需求大于供给，商品就会涨价；当需求小于供给，商品就会降价。

生活中不乏这样的例子，你还记得新冠疫情期间，大家为了补充维生素 C 而大量购买橙子，最终导致橙子脱销、价格上涨吗？这就是供小于求的原因。

市场用它无形的“手”在需求和供给之间来回挥动，要根据供需关系的变化，合理安排生产和消费，商品价格才会保持在合理的范围内，我们才会买到物美价廉的商品。

经济学小课堂

市场调节的优点是能对供求变化作出及时、准确的反应，实现优胜劣汰。缺点是市场的自发性、盲目性等弊病会导致经济运行大起大落，产生垄断，导致收入差距拉大等。

更多的经济学应用

平常只卖 2 元钱的矿泉水到了有的风景区的山顶却要 10 元，是不是遇到奸商了？

供需关系

当然不是！这就是供需不平衡所产生的后果。你只看到了一瓶矿泉水的市场售价，却没想到背水上山的劳动和想喝水的需求，其本质也是供需关系在起作用。

市场之外的有形之“手”

那么，有人会问：是不是我手中商品越稀缺，想要的人越多，就越能漫天要价呢？其实不然，首先你提出的价格要在购买者的心理价位的范围内，对方愿意买单才行。最为重要的是，一切市场交易都有国家监管，这就是市场之外的有形之“手”。

第三章 工业社会理财经济行为：杠杆起效应

丝绸铺出理财之路

唐欣去杭州参加夏令营，带回一条丝巾送给妈妈，妈妈一边高兴地接过礼物，一边感叹中国丝绸的精美绝伦。唐欣故作神秘地问妈妈：“你知道丝绸还能铺成路吗？”妈妈不可置信地摇摇头，唐欣笑着解释：“丝绸之路不就是吗！两千多年前，张骞出使西域，开辟了从中国通往西域的丝绸之路。中国的丝绸舒适轻薄、吸汗散热，成了外国的奢侈品。唐代，国家还安排了专门向西域运送织品的送帛练使。”

唐欣接着说：“慢慢地，更多‘国货’进入外国。茶叶成了贵族下午茶的标配，瓷器成了炫富的资本，和田玉也出现在外国人的首饰盒里……中国制造就是高品质的代名词。”

唐欣妈妈问："外国人爱买我们的东西，那么有外国货进入中国吗？"

唐欣说："有一天，中国商人揣着刚赚的钱，看着西域市场的稀奇玩意儿，考虑着：我也要消费一把。中国商人买了香料、皮草、玻璃杯，还给自己买了一辆新'宝马'。原本是随手带回家的伴手礼，竟大受欢迎，聪明的商人又嗅到了商机……"

"除了买卖东西，商人们也会带东西。汉代有一个叫'元'的边塞的官员曾经给好友'子方'写了一封信，其中还附带了一份'购物清单'。信件是从敦煌的偏远地区发出的，他在信中诉苦，说边塞的生活好苦，请子方给他带一双好鞋和五支上好的毛笔。"唐欣把所见所闻都讲了出来。

案例中的经济学智慧

在这条丝绸铺出的理财之路上，各地的陌生人悄悄地联结起来，形成了一个巨大的关系网络，这个关系网络就是经济学上的“生产关系”。生产关系主要包含：生产资料所有制关系；产品分配关系；生产中人与人关系。

在生产关系中，生产资料所有制关系是最根本的内容。它决定生产关系的性质和基本类型，也是区分不同生产方式、判定社会经济结构性质的客观依据。

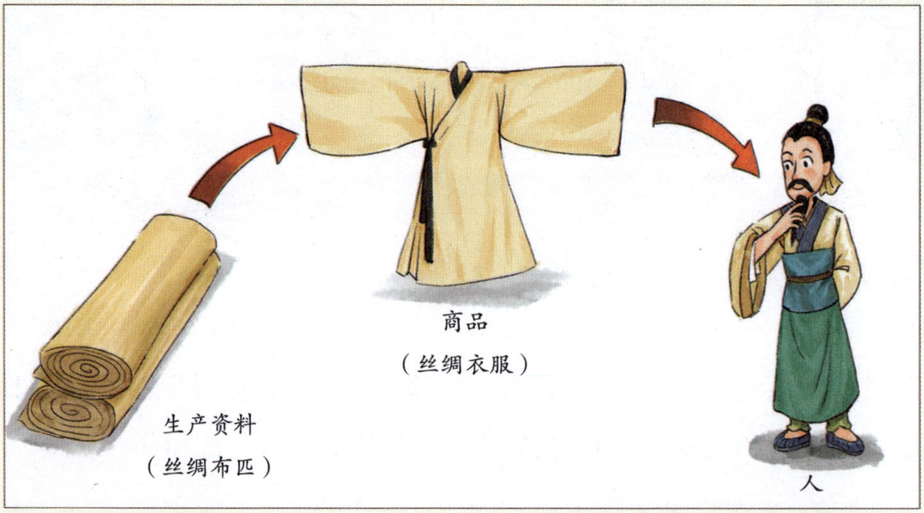

经济学小课堂

生产资料所有制随着生产力的发展而变化。例如，原始社会的交换导致了生产资料的私人占有，即私有制的出现。接着，所有制形式经历了从奴隶主所有制到封建主所有制，再到资本主义所有制的变化，最终被社会主义公有制取代。

更多的经济学应用

在中国，生产资料所有制以公有制为主体，多种所有制经济共同发展。公有制经济包括国有经济和集体经济，而非公有制经济则包括个体经济、私营经济和外资经济等。

公有制经济

国有经济：资产属于国家的经济形式，例如，矿藏、水流、森林、荒地等自然资源由国家统一管理和支配。

集体经济：资产属于集体所有的经济形式，例如，在中国，农村土地归集体所有，村民共同享有土地的使用权和收益权。

非公有制经济

个体经济：个体工商户的经济活动。

私营经济：私人投资和经营的经济活动。

外资经济：包括港澳台投资和外商投资的经济活动。

蒸汽让理财更快

最近大家都在讨论智能机器人，唐欣正和乐乐分享自己了解到的最新科技进展。乐乐感慨道："机器人什么时候才能实现呀！" 唐欣解释道："其实人类很早就开始用 "机器人" 了！最早的故事还是发生在18世纪的英国，有一个爱观察和思考的孩子在奶奶家过周末，因为没有同龄的孩子和他玩耍，百无聊赖的他只好缠着正在厨房忙活的奶奶聊天。"

"灶台上咕噜作响的水壶吸引了小男孩的目光，他望着沸水顶起的壶盖，好奇地问奶奶为什么壶盖会跳动，奶奶不耐烦地将他赶出了厨房。" 唐欣继续说着。

乐乐问："这个故事和人类进步有什么关系？"

唐欣说："这个对水壶感兴趣的小男孩叫瓦特，他长大后，终于弄清楚是水蒸气推动壶盖跳动的，并发明了蒸汽机，由此引发了一场人类历史上的大变革——第一次工业革命，人类正式进入了蒸汽时代。"

唐欣继续耐心地讲道："1776 年，瓦特改良生产了世界上第一台能使用的蒸汽机，这个消息迅速传遍了世界。不久后，美国人富尔顿用蒸汽机作动力，造出了轮船；英国人史蒂芬逊用蒸汽机作动力，发明了火车。煤炭成了当时的抢手货，因为蒸汽动力靠的就是烧煤。"

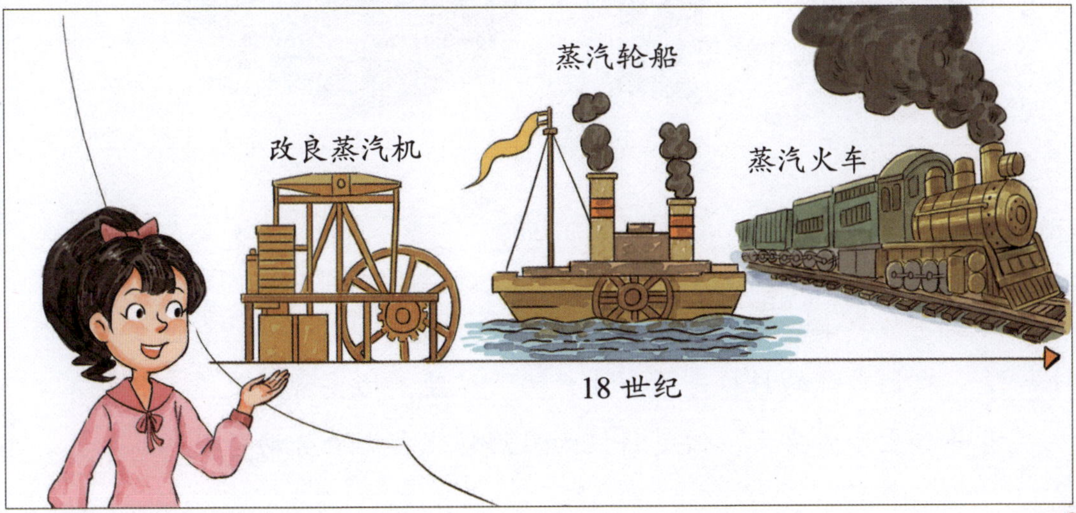

案例中的经济学智慧

第一次工业革命开创了“蒸汽时代”，社会生产力大大提高，对人类经济的发展起到了重要作用。

所谓生产力，就是人们征服自然、改造自然，从自然界获得物质资料的能力。它有三个要素——劳动者、劳动资料和劳动对象。简单来说，就是是谁、用什么工具、去干什么活。生产力的发展水平是衡量社会进步的重要标志，作为更高效的生产力，蒸汽机的出现使得人们生产一件商品的时间大大缩短，同样的时间能生产更多商品，自然就能赚更多钱。

经济学小课堂

我们常说的科技是第一生产力，从生产力要素角度看，科技本身并非生产力要素，但是科技的应用转化会影响劳动资料。

更多的经济学应用

平时，我们很少听到“生产力”这个经济学词语，但它与我们的生活密不可分！

让购物更便利

以前需要走出家门去商店挑选商品。如今，我们只需在网上下单，心仪的商品就会被送到家中。

让出行更高效

共享单车、网约车、无人驾驶汽车……现代出行方式发生了翻天覆地的变化，我们可以享受到更加个性化、高效的出行服务。

让娱乐更多样

网络平台让我们在家就能观看世界各地的电影、电视剧。虚拟现实技术让我们能够体验到前所未有的游戏乐趣。

理财的稀缺资源——人

听了唐欣分享的生产力发展的故事，乐乐回家查阅了很多资料。今天一看到唐欣，乐乐就迫不及待地告诉唐欣工业生产中有一个稀缺资源，唐欣好奇地问是什么，乐乐不慌不忙地说：“我先给你讲一个故事。三国时期，诸侯争霸。刘备与曹操较量，奈何实力不够，被曹操驱赶而南下，好不容易在新野小县安定下来。”

“当地有一位叫徐庶的谋士，他早就听闻刘备大名，等刘备一到，他马上前去投奔。不仅如此，徐庶还大方地向刘备举荐了自己的朋友诸葛亮。于是，刘备三次拜访诸葛亮，终于，他的阵营又得一员大将，这就是历史上著名的‘三顾茅庐’。”乐乐接着说。

唐欣说："三顾茅庐的故事我知道，那到底稀缺的资源是什么？"

乐乐说："别急，你听我说。没过多久，曹操率兵南下，途中俘获了徐庶的母亲，并派人送来徐母的书信，信中要徐庶速归曹操。徐庶知是曹操用计，但他是孝子，执意要走。"

"第二天，刘备为徐庶摆酒饯行，又要为他牵马，不忍分别，感动得徐庶热泪盈眶。为报答刘备的知遇之恩，他发誓终生不为曹操献一计谋。这便是'身在曹营心在汉'。现在你知道什么是稀缺资源了吧！"乐乐看向若有所思的唐欣。

案例中的经济学智慧

古代追求人丁兴旺，因为人多代表劳动力多，人能够为一个家庭提供更多的劳动，产生和提供更多的粮食和服务。现代我们培养全面发展的人，因为单纯的体力劳动不再满足经济高速发展的需要，我们需要既拥有聪明大脑和创新能力，又拥有健康体魄的人才来建设未来。

千秋基业，人才为本。当今世界，人才资源是经济社会发展的第一资源，人才竞争是综合国力竞争的核心。

经济学小课堂

面对人工智能的兴起，有人担心它会对一些就业岗位造成冲击。从长期来看，人工智能确实让一些岗位成为“历史”，但同时它也创造出了新型就业岗位。这些新型就业岗位具有知识密集、技术密集和创意密集等特征，需要更多的创新型人才。

更多的经济学应用

我们总以为投资理财离生活很遥远，但父母对于我们的培养实际上就是一次无形的投资理财，其中最大一部分就是对教育的投资理财。

一个普通家庭对于教育投资理财途径大致有三种：

一次性投资

在开学前提前预留出每年家庭教育的大致开销。

按月存钱

好处是计划性强，每个阶段能够有充分的保障。

银行教育储蓄

以学生的姓名开立存款账户。到期支取时，凭相关证明到商业银行一次支取本息。其优越性体现在利率优惠、利息免税、提前支取。

教育投资作为投资理财的一种，是一种隐形、长期的理财形式。虽然教育投资不会直接生产出物质财富，但教育对人影响深远，可转化为生产力，效果更长久。

第四章　网络经济时代理财经济百态：虚拟共享

支付方式大比拼

星期天，阳光灿烂，田甜和妈妈准备外出购物。

漫步在熙熙攘攘的菜场中，田甜望着摊位上各式各样的收款码，不禁好奇地问：“妈妈，你觉得大家更常用微信还是支付宝支付呢？”

母亲微笑着回答：“两者都很便捷，都支持线上线下购物、转账、缴费等。微信有零钱通，支付宝有余额宝，都能轻松理财。但微信因其社交属性，使用频率更高，现在大多数商家都支持微信支付，所以目前使用微信支付的人相对多一点儿。”

田甜问妈妈：“台湾、香港也是用这些来付款的吗？”

妈妈说：“不是啊！我们国家的台湾、香港地区的支付方式各自都不一样。台湾使用最多的是即时通信，还有电商等。在香港市场上，有多达十几种移动支付方式。既有港府的电子钱包，也有港版支付宝、港版微信支付、港澳银联云闪付 App，还有国际运营商开发的移动支付工具，如 Apple Pay（苹果支付），还有八达通等。”

田甜打破砂锅问到底：“妈妈，那其他国家的支付方式呢？”

妈妈打开手机给田甜看：“各国的支付方式不一样，美国用得比较多的是 Paypal，安全性比较高。还有信用卡，国际信用卡 Visa 和 Mastercard 是最常用的信用卡品牌。苹果公司的 Apple Pay、谷歌的 Google Pay 以及三星的 Samsung Pay 等电子钱包也用得比较广泛。”

接着，妈妈带着田甜去银行领行李箱。田甜好奇地问：“妈妈，这是免费的吗？”

妈妈笑着解释：“这是我用信用卡积分换的，每次支付都能累积分数，积少成多，换电器、生活用品都行。不只是微信、支付宝，很多地方都有会员积分制。比如 12306，注册会员后购票就有积分，积分能用来换车票。这些积分换来的是实实在在的实惠，也是理财的一种方式。你看，生活处处有学问，理财就在我们身边。”

案例中的经济学智慧

电子支付方式的兴起，给支付带来了一场革命。它有以下优点：

1. 不需要担心假币，让假币没有了市场；

2. 不需要带现金和卡，避免了现金和各种卡丢失的不便；

3. 电话费用、电费、水费、物业管理费用等都可以直接支付，不用跑各种地方去交费用，省去了大量的时间；

4. 直接扫码支付，减少排队时间；

5. 随时买票，随时出行；

6. 支付宝里的余额宝，微信里的零钱通，可以随时放入，有利息，需要时直接支付，让理财更加便捷。

经济学小课堂

电子支付方便、快捷、高效，但也易出现信息泄露和身份被盗用的情况，以及在特殊情况下（如停电、网络故障等）电子支付可能无法进行。因此，在使用电子支付时，用户需要提高警惕并采取相应措施。

更多的经济学应用

移动支付方便，但也给生活带来了不少影响

1. 容易多花钱，花现金看得见，而移动支付时，花钱时只看到数字，没有钱的概念，容易多花钱；

2. 支付安全问题，如个人信息被泄露，或者支付时被他人看到，很容易发生盗刷的现象；

3. 网络问题，如手机没电，会产生无法支付的情况。

为了避免以上带来的麻烦，可以从以下几个方面解决

1. 使用微信支付，在钱包里有账单，打开后，即可对自己的收入与支出进行查看，定期查看、分析、总结，从而达到理性消费；

2. 个人信息不要泄露给别人，身份证、手机等要保管好，避免丢失；

3. 保证手机电池用量充足，保持手机的网络畅通，减少因手机无法支付而带来的麻烦。

有趣的共享经济

田甜和妈妈来到公园，公园里鲜花盛开，鸟语花香，美不胜收。这时，田甜看到很多人在骑自行车，她也想骑，于是妈妈用美团和支付宝扫了两辆自行车，两人骑了起来。微风徐徐，风景如画，好不惬意。

突然，天空阴沉沉的，感觉快下雨了，田甜马上和妈妈还了共享单车，准备找地方去躲雨。正在这时，妈妈看到前面有共享雨伞，马上扫了一把雨伞，两人躲在雨伞下面。这时雨滴滴答答地下了起来，田甜感觉这共享雨伞太及时了。

田甜姑姑打电话给田甜妈妈：“我们来到楼下了，但停车太麻烦了！我转了很久，都没找到一个停车位。”

田甜妈妈说：“我们小区有共享停车位。你稍等会儿，我在小区的微信群里找到共享停车位的地点，把位置发给你。”

很快，田甜姑姑就找到了停车位，顺利地停好了车，解决了停车难的问题。

回到家，田甜姑姑带着表弟乐乐过来串门。姑姑说乐乐看中了一套乐高，非要买，但家里太多乐高玩具了，不能买。

田甜妈妈说：“听说有共享玩具，只需在共享玩具店注册成为会员，每年缴纳一定的费用，就可以随时从玩具店将喜欢的玩具带回家，不喜欢了还回去后，还可以将新的再带回家，省得家里放一大堆不喜欢的玩具。”

案例中的经济学智慧

共享经济最近几年很流行。它有以下优点：

1. 大家可以根据自己的需求，去选择需要共享的物品，还可以将能共享的物品共享出去，增加个人的经济利益；

2. 参与开放，所有人都可参与并受益；

3. 成本低廉，一辆单车，需要几百元，但共享单车使用一次只需花一两元；

4. 使用便捷，随处可见，随用随取。

经济学小课堂

共享带来的好处很明显，能高效利用资源，减少浪费，降低成本，促进社区合作和便利民众生活。然而，也有专家提醒，共享服务可能增加管理难度，涉及隐私和数据安全问题，以及过度商业化导致的服务质量下降。因此，在享受共享带来的便利时，我们也需要关注其潜在的风险和挑战。

更多的经济学应用

从经济学的角度来看，共享经济充分利用了闲置资源，减少了资源浪费，还提高了社会资源利用效率。这样一来，不仅对社会经济发展有积极影响，还能增加就业机会、降低成本，甚至鼓励创新呢！

共享经济在现代社会的应用

共享出行：像共享单车、共享汽车、共享租车、共享停车位等，这些按小时或天来定，方便了出行的问题；

共享空间：像共享住宿、共享办公室等，可以提供灵活的住宿、办公场所；

共享美食：如好厨师、豆果美食等，让人们很方便地学习如何制作美食；

共享生活用品：如共享雨伞、共享充电宝等，为大家提供了便利的生活用品；

共享知识：通过在线教育平台，人们可以学习各种知识和技能，而且可以根据兴趣和需求自由选择学习的内容和时间，实现了知识的共享和教育的普及。

五花八门的虚拟商品

田甜妈妈很喜欢在网上购物，田甜好奇地问：“妈妈，你为什么喜欢在网上买东西啊？”

妈妈说：“节约时间，只需上网一点，就可以买东西；价格实惠，因为很多网店直接从厂家拿货，省去了中间商的差价，所以价格更为便宜；种类更多，通过多个平台或店铺的比较，消费者可以直观地看到商品的价格、功能介绍及配送方式等信息，从而做出更明智的购买决策。省钱也是一种理财。”

这时，田甜爸爸走了过来，说：“网上还可以定制头像、定制音乐，网上的免费课程也方便了没时间去线下学习的人，你看看我最新做的视频，就是从网上学的，现学现用。”

田甜点点头，说：“听同学说，还有爱因斯坦的‘脑子’卖呢！”

“这么神奇？”

“我也想买一个，让自己变得更聪明！”田甜惊叹。

爸爸妈妈相视一笑：“你已经很聪明了！”

“除了这个，人们还在网上卖起了虚拟蚊子、好运喷雾，还有人将月球也拿来售卖了呢！”爸爸神秘地一笑。

房地产在全球都是个大生意，美国加州商人丹尼斯·霍普把这个生意发散到了宇宙里。

他利用联合国于1967年制定的《外层空间条约》漏洞，宣称自己拥有一切行星的所有权，在美国成立了“月球大使馆”公司，并在网上开始了甩卖太阳系中除地球之外的8大行星以及月球上的地产。霍普将月球上的土地分割成不同的小块，每英亩（约4000平方米）普通土地售价19.99美元，不过，这种行为有诈骗嫌疑。大家要仔细甄别虚拟商品。

案例中的经济学智慧

“虚拟商品”是相对于实体商品而言的，有以下几类：

1. 网络数字化物品，如音乐、电子书、电影，定制头像等，这类看得见、听得到的，只是没化为具体物品的网络物品；

2. 网络可提供学习的物品，如视频剪辑学习课程等；

3. 网络提供情绪价值的物品，如“爱因斯坦的脑子”，通过与知识界巨匠爱因斯坦形象的联系，塑造了一种智慧的化身，让大家有了一个美好的祝福和向上的力量。

4. 天马行空的想象物品，如月球土地，在陆地上无法实现的，想象着在太空来实现。虽然这种行为荒诞不经，但它是网络发展带来的创新思维。

经济学小课堂

虚拟经济作为现代经济的重要组成部分，以资本化定价为核心，高效配置资源，推动了金融创新。然而，虚拟经济的高度波动性和高投机性也带来了风险，需加强监管和风险管理。

更多的经济学应用

虚拟商品的盛行，带给我们的是什么启示？

针对情感的经济学应用

情感需求非常重要。大家在现实社会中无处安放的情绪，在网络上能够被看到、理解，压力得以释放，情绪得以宣泄。为此付出一点金钱，很多人是乐意的。

抓到了需求，就抓到了经济

不同的人，需求不同。有的人需要美食，所以就有了外卖；有人却希望拥有制作美食的方法，于是有人售卖美食制作教程。

敢于大胆想象大胆尝试

亚默尔少年时去淘金，同行的淘金者有人求助：“谁有水？我愿意出两个金币买一口水！”于是，他挖渠引水，过滤后拿去卖，最终成富翁。

只要我们抓住别人的需求，无论是生活上的，还是情感上的，并敢于大胆想象、大胆尝试，做正确的事情，说不定，下一个富翁就是你！

平平无奇的炒股小天才——马克思

1864年，马克思因病休息。闲来无事的马克思研究起了当时英国刚颁布的《股份公司法》，敏锐地意识到英国的股份公司一定会开始飞速发展。

马克思每天都买一份《金融时报》，认真研究股票每日指数变化。终于，他看准了时机，果断地把600英镑分4次购买了不同类别的股票证券。不到一个月时间，600英镑的本金赚到了400英镑的纯利润。

赚钱后的马克思颇为得意，他写信给恩格斯报喜说：“我做起股票投机生意来了，效果还不错。我用那600英镑赚取了400多英镑。这下我暂时不用你和朋友们的资助了。”但当有朋友劝马克思再继续把股票投资做下去时，马克思说：“我确实小赚了一把，但适可而止吧，再继续下去，万一赔了钱，我要心疼死！”

经济学家的账本

作为经济学之父，亚当·斯密是怎么赚钱和花钱的，很多人都很好奇。今天我们就从他的账本来看看这位经济学家的消费观和价值观。

亚当·斯密在上学阶段就有来自奖学金的收入，一年的资助金额为40英镑。等到了任教阶段，亚当·斯密的收入来自三部分：工资、听课费和房租收入。据推算，不超过200英镑。等亚当·斯密成为苏格兰海关专员时，年收入为600英镑。除此之外，加上出版的费用和继承遗产，亚当·斯密一生的总收入应在12000英镑至15000英镑。

要算清亚当·斯密一生的花销并不容易，除了日常花销，他还会有很大一笔花销用于慈善和资助他人。

亚当·斯密的亲身经历告诉我们：生而为人，金钱固然重要，但道义和德行有更重要的价值。

买鹿制楚——管仲的经济战

管仲是“贸易战”的开创者，买鹿制楚就是其中代表。

当时，齐国想要讨伐楚国，齐桓公按照管仲的建议购买楚国特产——活鹿。管仲还跟楚国的官方采购商说：“你能给我弄来20头活鹿，我就赏赐你黄金百斤。”一时间，楚国百姓都放下农活去捉活鹿。与此同时，管仲悄悄地在齐、楚两国的民间收购并囤积粮食。

等时机成熟，管仲对齐桓公说：“现在可以攻打楚国了！楚国误了农时，粮食不够吃，到时候一定会收购粮食，我们封锁边境就行了。”齐桓公恍然大悟，于是下令封闭与楚国的边境。结果楚国的米价疯涨，楚王派人四处买米，都被齐国截断，逃往齐国的楚国难民多达本国人口的十分之四。楚国元气大伤，三年后便自动向齐国屈服。

少年趣读漫画经济学

家庭经济学

吕晖 隋林汐◎编著

中国旅游出版社

选题策划：超美文化
责任编辑：胡一鸣
责任印制：冯冬青
插图制作：澜星纪元
装帧设计：天下书装

图书在版编目（CIP）数据

家庭经济学 / 吕晖，隋林汐编著. — 北京：中国旅游出版社，2025. 1. —（少年趣读漫画经济学）.
ISBN 978-7-5032-7453-4

Ⅰ. F063.4-49

中国国家版本馆 CIP 数据核字第 2024NU7793 号

书　　名：少年趣读漫画经济学 · 家庭经济学

作　　者：吕晖　隋林汐　编著
出版发行：中国旅游出版社
（北京静安东里 6 号　邮编：100028）
http://www.cttp.net.cn　E-mail: cttp@mct.gov.cn
营销中心电话：010－57377103　010－57377106
读者服务部电话：010－57377107
排　　版：澜星纪元
经　　销：全国各地新华书店
印　　刷：三河市腾飞印务有限公司
版　　次：2025 年 1 月第 1 版　2025 年 1 月第 1 次印刷
开　　本：710 毫米×1000 毫米　1/16
印　　张：21
字　　数：23 千
定　　价：120.00 元（全 6 册）
ISBN 978-7-5032-7453-4

前言

本书共6册，分别为《家庭经济学》《生活经济学》《校园经济学》《社会经济学》《商场经济学》《理财经济学》，主要面向的读者群体为高年级小学生、初中生。

本书最大的特点就是贴近学生的阅读习惯，兼具趣味性、可读性和专业性，采用通俗易懂的语言和生动有趣的宫格漫画相结合的形式，表述方式活泼生动、易于理解，带领孩子走近经济学。

书中呈现了大量经济史上的关键人物、典型原理、经济学思维等与学生生活紧密联系的例子，不仅使货币、理财、通货膨胀、通货紧缩、成本思维、折现思维等专业的经济学内容利于理解，还有积分等经济学方法，让学生能够学习实用的经济学知识，重塑对财富、经营、理财等的认识。

书中还融入了投资、理财、决策等多种策略，让学生发现有时“时间成本比金钱成本更昂贵”，从而学会在学习、生活中做出“最优选择”。书中也介绍了商店的各种吸引顾客的方式，使学生真切领悟智慧经营背后的原理，从而学以致用，培养理性消费的习惯。

目录

人物介绍

姓名：田甜　性别：女
年龄：10 岁
性格特点：开朗，乐观，充满活力，善于表达自己的需求和想法。

姓名：乐乐　性别：男
年龄：10 岁
性格特点：善良，热心，有责任心，善于发现问题并乐于思考。

姓名：唐欣　性别：女
年龄：10 岁
性格特点：活泼开朗，喜欢追求时尚，有主见，敢于表达自己的想法和感受。

姓名：吴迪　性别：男
年龄：10 岁
性格特点：好奇心强，善于思考，有责任心和团队精神。

第一章　家庭劳动与分工

你不知道的“炼金术”

在学校上了一个星期的课，终于到了周末，乐乐心想：总算可以休息啦！周末的早上，乐乐悠闲地躺在床上，九点才起床。然而，乐乐的爸爸妈妈从一大早就开始忙活了。

乐乐的妈妈早早地起床，去早市买了各种各样的蔬菜水果回来。乐乐起来时，妈妈就已准备好了可口的早餐。乐乐吃完早餐后，发现妈妈又马不停蹄地开始干家务活。不一会儿，妈妈就把家里的地拖得干干净净。乐乐看妈妈太辛苦了，就让妈妈歇歇，妈妈说：“家要干净整洁，得靠我的劳动啊！”

乐乐的爸爸是一位报社的编辑，吃完早饭后他就一直坐在电脑前，快速敲打着键盘。乐乐问爸爸：“爸爸，周末应该好好休息，你在干什么呀？”爸爸说：“我正在写稿子呢！”乐乐说：“写稿子做什么？”爸爸说：“写稿子挣的钱，可以买你爱吃的零食呀！劳动能炼金呢！”

中午，妈妈为全家做好了午饭，乐乐吃得津津有味。午饭后，爸爸告诉乐乐：“我来检查你完成的作业。我和你妈妈分工很明确，妈妈负责你的生活，我负责你的学习。”乐乐心想：原来家庭里还需要不同的分工啊！

案例中的经济学智慧

在家庭中，劳动会有不同的类型和分工，如体力劳动和脑力劳动。体力劳动是人们进行的物理身体上的活动，脑力劳动是指一般性的智力活动，多体现在教育、科研、管理领域等。

1. 乐乐的妈妈买菜、做饭、做家务等，实际是一种家庭体力劳动，但可以创造精神财富：如整洁的家庭环境、良好的劳动氛围。乐乐爸爸在周末写稿子，实际是一种脑力劳动，但爸爸会通过发表稿子来获得一定的报酬，也就是创造物质财富。

2. 爸爸和妈妈在家庭中分工明确，妈妈负责乐乐的生活方面，主要做一些体力劳动，而爸爸主要负责乐乐的学习，主要负责一些脑力劳动，这体现出了家庭中的不同劳动分工。

经济学小课堂

家庭分工能够提升生产效率、增加家庭财富。家庭成员根据比较优势即自我特长来进行时间和角色的分配，以实现家庭效用最大化。

更多的经济学应用

体力劳动获取报酬

作为家庭中的小孩，我们可以完成一些简单的体力劳动，例如，整理自己的衣物、书包、生活用品，每周和大人一起打扫房屋卫生，饭后收拾碗筷和餐桌，等等。我们还可以学习做一些简单的家常菜，如面条、炒饭等。我们还可以承担一些简单的购物任务，如买家庭日常用品、食材等。完成劳动后，我们可以根据难易程度和完成的质量，与家人协商，向父母申请一定的报酬。

其他方式获取报酬

可以在家里收集废品，如废纸、废塑料瓶等，然后拿到废品收购站卖掉。有些社区中还会举办一些活动，如义卖、募捐等。我们还可以做手工，制作一些小礼品、贺卡等，然后在学校或社区出售。参加这些活动能够在为社区做出贡献的同时，获得一定的报酬。

另外，需要注意小学生还处于生长发育阶段，应该根据年龄和身体状况，合理安排家庭劳动，不要过度劳累。同时也要注意安全问题，避免造成自我伤害。

家庭稳定的“最佳合伙人”

田甜的妈妈是一名家庭主妇，长期负责家里的各种事务。她虽然没有固定的工作，但是每天都要照顾田甜的生活起居。而田甜的爸爸是一名公司高管，平时的工作非常忙碌，经常要在外加班到很晚才回家。

一天下午，田甜的妈妈像往常一样去接田甜放学。在放学回家的路上，田甜好奇地问妈妈：“妈妈，我发现每天都是你来送我上学、接我放学，而爸爸很少来送我和接我。这是为什么呢？”

妈妈告诉田甜：“你现在年龄还小，为了能更好地照顾你的生活和学习，所以由我在家里负责叫你起床，送你上下学，给你做饭。爸爸的工作地点比较远，平时的工作也很忙，虽然每天回来很晚，没有时间来照顾你的生活，但他能挣很多钱，让我们的生活越来越好。我们两个就像“合伙人”一样，维持这个家的稳定和平衡！”

田甜听了妈妈的话，若有所思，心想：原来爸爸和妈妈都有一个共同的目标，那就是为了家庭生活能变得更好、更稳定呀！

案例中的经济学智慧

家庭需求是家庭对社会各种物质的或精神的要求。家庭需求是家庭全部经济活动的内在动因。

田甜的妈妈当家庭主妇，田甜的爸爸出去工作挣钱，这样的分工其实是受到家庭供给和家庭需求的影响。田甜的年龄比较小，生活起居上需要人耐心照顾，这就是家庭中的一种需求。爸爸所提供的劳动足以支撑整个家庭的经济，所以即使妈妈不出去工作，整个家庭也可以达到相对稳定的状态。

经济学小课堂

家庭成员面临家庭劳动供给的决策时，要和其他成员协商，并相互理解，比如，妻子是否去工作，取决于妻子的意愿以及丈夫工作所能提供的报酬能否满足家庭需求、维持家庭经济的稳定。

更多的经济学应用

在面对家庭需求和家庭供给的变化时，我们需要进行家庭规划和结构调整，这是保持家庭平衡必不可少的过程。当家庭成员的数量增加或者发生其他变化时，需适应家庭结构和空间需要进行调整和规划，以满足每个成员的需求，创造一个舒适、有序的家庭环境。

了解家庭成员的需求

在调整家庭结构和空间之前，了解每个家庭成员的需求至关重要。家庭的需求是多样化的，每个家庭成员有不同的习惯、喜好和需求。因此，家庭成员要进行沟通，了解彼此的需求和意见。对于空间或预算有限的家庭，寻找创造性的解决方案是关键。这可能包括利用多功能家具，如可折叠的桌子或床铺来节省空间。另外，可以考虑利用墙壁、储物容器和垂直空间来增加存储空间。

需要持续评估

随着时间的推移，家庭的需求可能会发生变化，因此需要定期进行评估和调整。家长可以与家庭成员讨论家庭的供给和需求，并进行相应调整。这有助于保持家庭的适应性与和谐性，确保每个成员都能在家庭环境中感到满足和得到支持。

众人拾柴火焰高

好不容易到了周末，吴迪想让爸爸妈妈带着自己去游乐园玩。一家人刚吃完午饭，吴迪就兴高采烈地问爸爸妈妈：“爸爸妈妈，我们去游乐园玩吧？”吴迪的爸爸看了看桌子上还没洗刷的餐具，对吴迪说：“你如果能用5分钟把这些碗筷盘子洗干净，我跟妈妈就带着你去。”

吴迪看了看桌子上的许多盘子碗筷，心想：怎么可能在5分钟就洗完呢？假设刷一个盘子需要1分钟，只是刷完这些盘子就需要5分钟，另外还有碗、勺子和筷子，5分钟根本无法完成。

吴迪马上转动自己的小脑袋瓜想办法。他灵机一动，对爸爸妈妈说：“爸爸妈妈，只靠我自己的话，5分钟是刷不完的，我需要你们稍微帮我一下，让爸爸帮我刷碗，妈妈帮我刷筷子，剩下的盘子我自己刷，咱们三个分工合作行不行？”

爸爸听了吴迪的想法，对吴迪说：“众人拾柴火焰高，你真是个爱动脑筋的孩子！分工协作高效又快捷，一会儿我们就可以去游乐园玩啦！”果然，一家三口各司其职，5分钟就刷完了所有餐具，高高兴兴地出门了。

案例中的经济学智慧

劳动生产率是指劳动者在一定时间内创造的劳动成果与其相适应的劳动消耗量的比值，即劳动者生产某种产品的劳动效率。

1. 吴迪一开始不知道该怎样在 5 分钟内刷完所有的盘子和碗筷。对于年龄小的吴迪来说，可能刷一个盘子就要耗费 1 分钟。而对于爸爸妈妈来说，刷一个盘子或者碗并不需要这么长的劳动时间。也就是说，一个家庭中，每个家庭成员在劳动中所耗费的劳动时间和创造的劳动成果是不同的。

2. 吴迪让爸爸妈妈帮助他，三人分工合作，爸爸帮忙刷碗，妈妈帮忙刷筷子，剩下的盘子吴迪自己刷，这样其实就是提高了家庭劳动生产率，减少了所耗费的劳动时间。

经济学小课堂

劳动生产率存在于家庭与社会。对于家庭来说，通过分析家庭成员的特点、能力和优势，来决定家庭成员的不同劳动分工，能够提升劳动生产率，使家庭利益最大化。

更多的经济学应用

在家庭中，会涉及各种各样的劳动，那么，我们如何才能最大限度地利用好家庭成员的优势，提高家庭劳动生产率，实现家庭效率和利益的最大化呢？

按照各自的特长和能力分工合作

如果家庭成员按照各自的特长和能力分工合作，每个人都专注于自己擅长的工作，就可以提高整体的劳动生产率。家庭成员可以根据各自的特长及能力来进行劳动分工、合作，来提升效率。另外，使用先进的工具和科学技术也可以帮助家庭提高劳动生产效率。例如，使用智能化的家电设备、自动化的工具等，可以节省部分时间和精力。

减少劳动时间

劳动者的平均熟练程度越高，劳动生产率就越高。所以，家庭成员可以提升某种劳动的实际操作技术或熟练程度，从而减少家庭劳动花费的劳动时间，以此提升效率，提高劳动生产率。还有，有效的时间管理和组织能力可以使家庭成员更好地安排和利用他们的时间，提高劳动生产率。家庭成员还可以根据劳动的难易程度，合理安排劳动时间。

第二章　报酬

如何吃下双份蛋糕？

周五傍晚，乐乐放学回到家，满心期待着妈妈制作的可口饭菜，可一推门发现，家里一个人也没有，十分冷清。平常，妈妈都会早早做好饭菜等他回家，今天却没看到妈妈的身影。乐乐决定给妈妈打个电话。他刚走了几步，电话就响了起来，他连忙过去接了电话。原来妈妈临时有事需要加班，来不及给乐乐做晚饭了，于是用手机给乐乐点了外卖。

听到妈妈要给自己点最喜欢的汉堡和炸鸡时，乐乐高兴地答应了。没过多久，外卖员叔叔就将外卖送到了乐乐的手里。

乐乐吃完饭后不久，妈妈回到了家，乐乐迫不及待地和妈妈分享自己的外卖体验。妈妈看乐乐这么开心，外卖送达得又及时，提议给外卖员一个五星好评，乐乐很好奇妈妈为什么要这么做。

妈妈耐心地告诉乐乐："虽然五星好评不是金钱上的回报，但能反映出顾客对外卖员工作的认可。正是有了这些鼓励，外卖员叔叔才能带着愉快的心情投入工作。"乐乐听后，有所感触："就像我在学校受到老师夸奖后也会很开心。我明白了，以后我也要多多给外卖员叔叔打五星好评。"

案例中的经济学智慧

劳动报酬包括很多部分，有每个月固定得到的工资，还有一些工作做得特别出色或加班后得到的额外奖金。

在本案例中，乐乐妈妈通过支付配送费这一途径让外卖员将外卖送到乐乐手中，这一行为是给予外卖员金钱的外在报酬；外卖员配送及时，赢得了乐乐与妈妈的认可，乐乐妈妈给外卖员打了五星好评，这是给外卖员的内在报酬。

购买服务的人可以通过给钱买到自己想要的东西，也可以通过给出好的评价来感谢提供服务的人；而提供服务的人通过提供好的产品和服务来赢得买家的信任和尊重，这样他们在工作中也会感到满足和自豪。

经济学小课堂

当你得到报酬时，要想想应该怎么使用它。你可以现在就花掉它，也可以把它存起来以后买更需要的东西。学会计划如何使用你的报酬，是成为一个聪明消费者的开始。

更多的经济学应用

内在报酬的作用

内在报酬源于个体对工作的内在兴趣和热爱，它能够激发个体的内在动机，使其更加投入地工作。当个体在工作中体验到成就感、自我实现等内在报酬时，会感到满足和愉悦，从而提升工作满意度。内在报酬关注个体在工作中的学习和发展，有助于个体不断提升自己的能力和技能，实现个人成长。

外在报酬的作用

外在报酬如工资、奖金等能够为个体提供物质保障，满足其基本生活需求。通过设定与绩效挂钩的奖励制度，外在报酬能够激励个体努力提高工作绩效，实现组织目标。

内在报酬和外在报酬并不是相互独立的，它们在实际工作中往往相互促进，共同影响个体的行为和绩效。因此，在设计和实施激励机制时，应充分考虑内在报酬和外在报酬的平衡与协同作用，最大限度地激发个体的潜能和创造力。

如何让风筝越飞越高？

这学期，学校布置了实践任务，要学生们自己打工赚第一桶金。于是，乐乐和唐欣决定去面包店打工。

可接连几天，面包店的生意都不温不火。乐乐想：我们每天都这么努力，为什么收入一直都没怎么增加？于是，他去找爸爸求助，爸爸给他提供了提高收入的思路——在产品上下功夫，吸引更多人来买。

于是，乐乐开始学习新的烘焙技巧，唐欣则学习制作花样面包和装饰面包，让它看起来更诱人。放学后，他们总是一起研究新的面包制作技巧。

渐渐地，他们的面包变得更美味、更漂亮了，附近的居民都喜欢来买，面包店的生意越来越好。一周过后，面包店老板看到孩子们的努力有了收获，决定给他们更多的报酬。

乐乐和唐欣高兴地接过报酬。他们明白了一个道理：只要努力提高自己的能力，做出更好的产品，就能得到更多的回报。

案例中的经济学智慧

劳动报酬并非一成不变，就像我们在学校努力学习，就可以取得更好的成绩。在工作中，想要让自己的报酬提高，也必须提升自我，提高竞争力。

乐乐通过学习和实践，掌握了新的烘焙技巧，推出了新的面包口味，满足了不同顾客的需求，直接吸引了更多的顾客，从而增加了面包店的销售额，间接提高了劳动报酬。

唐欣学习了制作花样面包和装饰面包的技巧，使面包在外观上更具有吸引力，增加了顾客的购买欲望，进而也提高了劳动报酬。

经济学小课堂

提高自己的劳动报酬也要取之有道，不能为了一时利益走歪门邪道，如偷盗欺诈、滥用职权、恶意竞争与破坏、违规操作、逃税等。

更多的经济学应用

提高劳动报酬的方式多种多样，涵盖了个人、组织和社会各个层面的努力。以下是一些主要方式：

提升自身的技能和知识水平

对个人而言，提升自身的技能和知识水平是提高劳动报酬的关键。通过接受更多的教育，比如参与职业培训或自学，个人能够掌握更多的专业技能和知识，从而在工作中表现出更高的价值，获得更高的薪资。

组织内部采取措施

推行绩效工资制度，根据员工的工作表现给予相应的奖励，可以激励员工更努力地工作，提高工作效率。同时，改善工作环境，提高员工的工作满意度，也有助于降低员工流失率，减少招聘和培训成本，从而间接提高劳动报酬。

加强社会保障体系建设

完善的社会保障体系可以为劳动者提供更好的保障，降低他们在工作中的风险和不确定性，从而增强他们的工作积极性和创造力，进一步推动劳动报酬的提高。

没有一口就吃饱的饭

晚饭后，乐乐和爸爸一起逛街。乐乐看中了一个喜欢的玩具，想要买回家，于是就问爸爸要零花钱，爸爸对乐乐说：“零花钱可不能白给你呀，你需要付出一定的劳动，我才能给你钱买玩具，怎么样？”

回到家后，乐乐为得到心爱的玩具，与父母签订了协议，承包了擦地的工作。爸爸承诺乐乐，擦地一天可以得到 2 元钱的工资，如果闲暇时间多，还可以做别的劳动，如洗碗、擦桌子等，洗碗可以得到 2 元，擦桌子可以得到 1 元。

一开始，乐乐每天都擦地，可是一天只得到 2 元，乐乐心想：还是凑不够买玩具的钱，我得做得更多才行。”

于是，为了得到更多的钱买到心爱的玩具，乐乐坚持了一个月，每天都擦地、洗碗、擦桌子。终于，他凑齐了买玩具的钱，买到了心爱的玩具。爸爸说：没有一口就吃饱的饭，你认真投入了这么多时间，当然会获得更多的效益！

案例中的经济学智慧

报酬递增是指在一定条件下，随着投入的某种生产要素增加，其产出的效益也随之增加的现象。简单来说，就是投入的越多，获得的回报也会越多。

乐乐为了买到心爱的玩具，加大了做家务的投入时间。乐乐做得越多，获得的效益和收入也越高，最终达到了自己的目的。在其他条件不变的情况下，通过增加某一生产要素的投入量，产出的效益一般会以递增的方式增长。

经济学小课堂

报酬不仅仅是金钱的问题，更是一种激励机制。在日常工作中，工作者为了获得更多的奖金和报酬，往往会更加努力工作以达到目的。通过合理设计报酬制度，可以激发人们的积极性和创造力，实现更好的工作效果。适当的报酬是激励我们前进的重要动力。

更多的经济学应用

报酬递增原理

这种递增可以体现在生产过程中的各个方面，如生产效率的提高、成本的降低等。在生产活动中，人们往往会通过不断增加投入来获得更高的产出效益，从而实现收益的最大化。

报酬递增的应用

报酬递增是一种在经济活动中常见的现象，它鼓励人们通过增加投入来获得更多的回报。这种现象对于推动经济发展、促进社会进步具有重要意义。比如，一个工作者从事加班等额外工作，每小时所获得的报酬往往也会随着工作时间的增加而增加。加班时，每小时的额外收入很有吸引力，所以为了达到自己的效益或目的，工作者可能会不惜牺牲自己的闲暇时间，选择加班工作来获得更多的额外报酬。但是，我们也要注意评估工作量与报酬之间的平衡，维持工作效率和满意度。

第三章　家庭消费

钱都去哪儿了？

周末，阳光明媚，乐乐和爸爸妈妈心情愉悦地走进了商场。一进门，乐乐的眼睛就被货架上的乐高拼图吸引住了，他兴奋地跑过去，眼神中充满了渴望。

可是，爸爸妈妈看到拼图的价格时，心里不禁咯噔一下，觉得有些贵了。

乐乐虽然有些不舍，但还是乖巧地跟着爸爸妈妈继续逛。走着走着，乐乐又被一个游戏手办吸引了。他眼睛一亮，心里想：这个手办也好酷啊！而且价格比较合理，爸爸妈妈应该会同意买吧。爸爸妈妈看着乐乐期待的眼神，也有些动容。乐乐很喜欢这个手办，价格也在他们的接受范围内，于是爸爸妈妈决定买下这个游戏手办。

买完玩具后，他们来到了服装区。妈妈看到一件漂亮的衣服，试穿之后，对着镜子照了照，感觉很适合自己。爸爸也在旁边找到了一双新款运动鞋，穿上后，感觉很舒服，走路很轻松。他们都买了下来。

最后，他们来到了食品区，挑选了一些新鲜的水果、蔬菜和美味的零食。购物结束后，他们带着满足的心情回家了。

在回家的路上，乐乐迫不及待地玩起了他的新手办，他的心里充满了快乐。

案例中的经济学智慧

家庭消费包括了很多方面，如食品、衣物、住房、交通、教育、娱乐等。这些消费活动不仅仅是为了满足基本的生存需求，也是为了提高生活质量，实现家庭的幸福和发展。

家庭消费还受到很多因素的影响，像家庭收入、成员数量、年龄结构、消费观念、社会文化背景、市场环境等。不同的家庭会根据自身的情况，做出不同的消费决策。例如，收入高的家庭可能会更倾向于购买高品质的商品，而有孩子的家庭可能会在教育方面投入更多。

经济学小课堂

家庭消费的方式有很多种，比如线下购买和网上购物。网购中有团购、分期付款、使用优惠券等。每种消费方式，都有其优缺点，随着科技的发展，团购在家庭消费中所占的比例越来越大。

更多的经济学应用

家庭消费的主要类型有哪些?

生存型消费和发展型消费

生存型消费是满足家庭基本生活需求的消费，包括食物、住房、水电等。合理规划生存型消费，确保家庭成员的基本生活得到保障。发展型消费主要用于提升家庭成员的能力和素质，如教育、培训、医疗等。这类消费有助于个人的成长和发展，为未来打下基础。

享受型消费和投资型消费

享受型消费的目的是提高生活质量，使家庭成员享受生活的乐趣，如旅游、娱乐、文化活动等。在享受型消费中，要注意适度，避免影响其他消费。投资型消费是为了家庭的未来，比如购买房产、进行储蓄或投资理财等。合理的投资型消费可以增加家庭的财富。

每个家庭的消费结构可能不同，要根据自身情况合理安排各类消费的比例。可以对家庭的消费情况进行分析，看看是否需要在某些方面进行调整。

理性消费乐翻天

吴迪一家一直都很注重合理消费。

每月的月初，吴迪家的客厅里便会展开一场别开生面的讨论会。家人们围坐在一起，打开电脑，查看上个月的消费记录，一起制订新的家庭预算。吴迪爸爸作为家庭的顶梁柱，总是强调每一笔支出都必须有计划、有目的。他擅长运用各种家庭财务管理软件，确保每一分钱都花得明明白白。

购物是每个家庭必不可少的一部分。吴迪一家在购物时，无论是小件生活用品还是大件家电产品，他们总是会细致地比较不同品牌、商家的价格和服务，寻找那些真正物美价廉的商品。他们不追求奢华品牌，只求性价比高，这是他们购物的首要原则。

吴迪一家喜欢自己动手做饭，因为这样不仅能保证食物的健康营养，还能在很大程度上节约开支。他们会在当地市场选购新鲜的当季水果和蔬菜，这样不仅支持了本地农民，还能省下不少钱，同时获得新鲜的季节性食材。

孩子的教育问题在吴迪家也是重要议题。父母为吴迪挑选既优质又价格合理的课程资源，鼓励他阅读书籍，参与社会实践和各类兴趣小组，让他在实际操作中学习成长。他们会根据孩子的喜好选择最适宜的兴趣班，而不是盲目跟风。

吴迪一家用他们的智慧和努力，将平凡的生活过成了一门艺术，成为小镇上合理消费的典范。

案例中的经济学智慧

合理消费是指消费者在购买商品和服务时，根据自身的实际需求和经济能力进行科学、理性的消费。比如，制订符合自己收入水平的消费预算，选择性价比高的产品，培养节约的习惯，合理利用资源，等等。

定期的财务检查成了吴迪一家不可或缺的习惯。他们会审视每一项开支，剔除不必要的花费，确保家庭经济的健康运转。通过这样的精明理财，他们不仅保持了日常开销的稳定和合理，还能为旅行和其他家庭活动储备资金。

经济学小课堂

合理消费不仅能帮助个人和家庭维持健康的财务状况，还能对社会和环境产生积极影响。通过合理消费，人们可以在保证生活质量的同时，寻求更大的发展。

更多的经济学应用

在经济学中，合理的家庭消费意味着有效分配资源来最大限度地满足家庭成员的需求和愿望。

预算管理

预算管理可以通过收集来对比分析上一个月或上半年的所有收入和支出情况（包括账单和收据等），并确定家庭的固定收入，如工资、奖金等。

将家里的支出分为几个主要的类别，如住房、食品、交通、医疗、教育、娱乐和水电等。

为每个支出类别分配一定金额，并使用电子表格、财务软件或应用程序记录实际支出情况，确保总支出不超过总收入。

购物决策

在购物前，区分“需要”和“想要”，确保要买的是真正需要的物品，并制订清单，避免冲动消费。

在购买前比较不同品牌和商家的价格、质量、服务等，并利用优惠券、促销活动来进行购物，如非紧急，可以等着价格下降时再购买。

在购物时，可以提前询问朋友或邻居，与其合作，批量购买，可能会花费更少的价钱。

被操控的消费欲望

田甜有两个很好的朋友，唐欣和乐乐。他们总是一起玩耍。

有一天，唐欣和乐乐带来了非常漂亮的智能机器人娃娃，唐欣的那个有着长长的金色头发和闪闪发光的蓝色眼睛，还会讲话。娃娃穿着精美的小礼服，看起来就像童话故事里的公主一样。唐欣说，这个娃娃是她的生日礼物，是市面上最热门的一款。

等他们回家后田甜就去找妈妈，她小声地跟妈妈说："妈妈，我想要一个和唐欣一样的机器人娃娃。"

妈妈停下手中的活，转头看着田甜："你不是有一个你很喜欢的娃娃吗？你一直抱着它睡觉的。"

田甜点点头，说："她的那个娃娃更加高级，我也想有一个。"

妈妈叹了口气，走到田甜身边，轻轻抚摸田甜的头发："宝贝，每个人的喜好都不一样。你不需要因为别人有什么东西就要求我们也买一样的。你的娃娃也很特别，你曾经多么珍惜它。"

但田甜听不进去，开始耍脾气，甚至哭闹起来："不，我就是想要！为什么她可以有，我就不行？"

最终，妈妈为了让田甜停止哭泣，就带着田甜到商场里买娃娃。看到那个娃娃的价格是平时买的玩具的好多倍，妈妈有些犹豫，但为了田甜，还是把娃娃买了下来。然而，田甜对新娃娃的喜欢只持续了一段时间，她很快就把它抛之脑后，抱回了原来的旧娃娃。

案例中的经济学智慧

在金融市场中，出现大量买入或卖出某一资产的行为时，其他投资者可能会不考虑自己的情况而跟随大众买入或卖出，从而加剧市场的波动。在消费者行为方面，消费者会购买被广泛认可的产品或服务，即使这些选择不一定符合他们的个人需求或偏好。商家经常利用这种心理，通过营销策略来提供一种产品或服务很受欢迎的假象，吸引消费者跟随购买。这就是利用了羊群效应。

田甜就是看到别人有很漂亮的娃娃，便产生了想要的心理，而不管自己的实际情况，在买完没多久后，新鲜劲儿就过了，昂贵的娃娃就被抛之脑后。

经济学小课堂

了解羊群效应的原理可以帮助个人在面对群体压力时保持独立判断，避免盲目跟从，同时也能更好地理解社会现象和市场动态。在实际应用中，无论是在投资决策还是在日常生活中，了解这个原理都是非常有价值的。

更多的经济学应用

羊群效应在家庭消费中的应用主要表现在消费者购买决策时受到他人影响，从而跟随大众的趋势进行消费。具体来看：

团购和促销

在团购网站上，消费者往往会看到实时的人数标识，显示有多少人正在购买同一商品。这种设计利用了人们的从众心理，让消费者认为跟随大众的选择是安全的，从而促使他们也加入购买群体。

营销策划

商家在营销策划中经常使用羊群效应，如通过展示成功的案例来吸引消费者。这种方法通常包括包装成功案例、展示商品的高销量或者好评等，以此来增加产品的吸引力。

新商品开发

对于新上市的产品，尤其是没有品牌知名度的新产品，商家可能会利用羊群效应来吸引顾客。例如，一个新开盘的楼盘可能会通过展示其他买家的行为来吸引潜在买家。

第四章　应对风险三步走

雾里探花“辨”风险

乐乐和妈妈正在热闹的商场里闲逛，周围人来人往，商家们纷纷发放着各式各样的宣传单。

乐乐和妈妈经过一家新开张的美容院时，一位热情的促销员迎了上来，向他们递出了一张色彩鲜艳的传单，并满脸笑容地介绍着店里的充值优惠活动：“尊敬的顾客，我们店现在有个特别优惠活动，只要您预存 500 元，一个月后就可以享受到 1000 元的服务哦！这是一个绝佳的机会，不容错过！”

乐乐的妈妈听后很感兴趣，她很想尝试这家美容院的服务，觉得这个充值优惠非常划算。她正准备掏出钱包充值时，旁边的乐乐轻轻拉了拉妈妈的衣角。

“妈妈，等等。”乐乐一脸认真地说，“我们刚学了消费者权益保护课，老师告诉我们，这种预付费充值可能会有风险。”妈妈停下手中的动作，有些犹豫起来。

“万一这家店下个月就关门了怎么办？或者优惠有使用门槛又该如何是好？可能会损失这 500 元。”听了乐乐的劝阻，妈妈决定不充值了。

乐乐又说道：“我们可以先上网查一查这家店的评价，看看其他顾客的反馈怎么样。如果真的是个好店，我们再考虑充值也不迟。”

妈妈听了乐乐的话觉得很有道理，便决定暂时不急于充值，而是回家后一起做进一步的了解和调查。这样就避免了可能的风险，做一个理智的消费者。

案例中的经济学智慧

“风险意识”指个人或组织对潜在风险的认知、理解和态度，以及采取的预防和应对措施。

乐乐在学校中学到消费者权益保护知识，意识到预付费充值活动可能隐藏风险，这种风险意识是消费决策中的重要部分。乐乐提出在做决定之前要进行调查和研究，检查商家的信誉和其他顾客的反馈。这是理智消费的关键步骤，有助于了解企业的背景、市场声誉和财务状况。在消费过程中，确保不因追求额外优惠而忽视潜在风险至关重要。

经济学小课堂

在不同领域，风险意识的表现形式可能有所不同。在企业中，风险意识可能体现为对市场变化、技术创新等方面的敏感性。在公共管理领域，风险意识可能更多关注社会安全、环境保护等方面的潜在威胁。

更多的经济学应用

在金融投资中，辨别风险是至关重要的步骤。以下是一些具体的应用建议：

了解个人风险容忍度

投资者应首先了解个人风险容忍度，评估自己的风险承受能力，了解自己的投资目标。这有助于确定适合自己的投资策略和工具。还要进行市场风险分析，市场风险有波动性和不确定性等，源于宏观经济变化和政治事件影响。投资者需要关注这些因素，因为它们会影响股票、债券、商品等多种资产类别的价值。

分散投资

分散投资是为了降低风险，投资者可以通过分散投资来分配资产。这意味着将资金投资于不同类型的资产，如股票、债券和基金等，以减少单一投资失败对整体投资组合的影响。

投资风险的识别和管理是一个连续的过程，投资者应该定期评估市场变化和个人投资状况，以便及时调整策略。

游刃有余“控”风险

乐乐的妈妈不仅是一位果敢的投资理财人员，还是一个谨慎的风险管理者。一天，乐乐在帮妈妈整理文件时，无意中发现了一些理财产品的文件，他注意到这些产品涉及了不同的行业和领域，包括股票、债券、基金等。乐乐感到好奇，便问妈妈为什么要买这么多不同类型的金融/投资产品。

妈妈耐心地给乐乐解释说，作为一名专业的理财人员，她深知将所有资金投入单一产品或市场是极其危险的。为了有效控制风险，她采用了分散投资的策略。

妈妈接着告诉乐乐，除了分散投资，她还根据每个产品的风险收益特性进行了仔细选择。她用一部分资金购买了稳健型的债券和货币市场基金，以保证组合有一定的稳定收益。同时，她也配置了一些股票和股票型基金，以追求更高的增长潜力。

妈妈强调了风险管理的重要性，并教给乐乐如何通过设置止损点来降低潜在损失。她还提到，持续的市场研究和分析对于理解不同金融／投资产品的表现和市场趋势至关重要。

案例中的经济学智慧

“有效控制风险”是指通过采取一系列策略和方法来预防、降低或消除可能对项目、企业或投资等产生负面影响的不确定性因素。

妈妈识别了潜在的风险，这是风险管理过程中的第一步。在识别风险之后，需要对这些风险进行评估，确定它们的影响程度。然后根据风险评估的结果，制订相应的风险管理计划。最后，根据风险的不同类型和特点，可以采取风险回避、损失控制、风险转移或风险保留等方法来处理风险。

经济学小课堂

有效控制风险不仅是一种管理实践，也是一种战略决策。它要求组织或个人具备前瞻性思维，能够在风险出现之前就进行预判和准备，同时也需要灵活应对风险发生时的实际情况。

更多的经济学应用

有效控制风险在生活中的应用是确保个人和家庭财产安全、财务稳定和健康的重要策略。以下是一些具体的生活场景，展示了如何应用风险管理：

个人和家庭安全

定期进行家中电气系统、水管和屋顶的检查和维护，以预防火灾、水灾或其他损坏的发生。安装烟雾报警器和一氧化碳探测器，及早预警潜在的危险。购买旅行保险，以防旅途中遇到意外伤害、疾病或行李丢失等情况。在旅行前制订计划，包括了解目的地的安全信息、携带必要的药物以及留意当地的紧急联系方式。

财务稳定和健康

在购买汽车时，选择配备先进安全设备的车辆，如防抱死制动系统和气囊，可以降低交通事故发生时的伤害风险。定期进行体检和健康检查，以预防疾病的发生或及时在早期发现并治疗。通过建立紧急基金，为失业、医疗紧急情况或其他不可预见的事件储备资金。多样化投资组合，不要将所有的储蓄投资于单一资产类别，要分散风险。

牵手投资“化”风险

乐乐和唐欣的老家都在乡下，他们的爷爷奶奶都有一片果园。

今年，乐乐家的果园里，苹果树开的花稀稀疏疏，乐乐的爷爷忧心忡忡地检查着每一棵树。类似的场景也出现在唐欣家，橘子树上的果实生长不良，这让唐欣的爷爷深感无奈。

面对同样的困境，两家人开始思考突破僵局的新策略。乐乐家和唐欣家都意识到，他们各自的努力未能战胜自然和市场的不利条件，现在需要一种全新的思维模式来引领行动。他们开始探讨如何将彼此的经验和智慧结合起来，共同制订一个全面的合作计划。

共同的决心使两个家庭开始了紧密的合作，他们期望通过合作能够化解各自的风险。这份坚定的意志成为他们应对挑战的强大动力。两家通过共享资源、交流知识，并一起面对每一个挑战，他们的合作越发紧密。

通过一段时间的努力，两家的果园逐渐恢复了活力。正是两家的合作突破了以往单打独斗的局限。他们互相借鉴对方的成功经验，共同研讨如何提高作物产量和质量，使曾经萎靡不振的果园焕发了新生。

案例中的经济学智慧

“共同应对风险”是指，多个经济主体通过合作和协调来降低经济潜在的不确定性和负面影响。乐乐家和唐欣家合作共享了在果树种植方面的经验和技巧。

1. 这种合作模式有助于提高资源的利用效率，降低生产成本。两家共同承担因极端天气或其他不可预测因素导致的损失，分散了单一家庭经营的风险，帮助两家化解了风险，实现了共赢。

2. 两家知识与技术的交流有助于提高果园的整体管理水平和生产效率。这种激励机制有助于调动双方的积极性，确保合作的公平性和可持续性。

经济学小课堂

共同应对风险可以整合资源，提高单个参与者的抗风险能力。合作促进了信息共享、技术交流，并通过集体行动降低损失概率，增强了复原力和市场竞争力，最终实现了经济效益和社会效益的双赢。

更多的经济学应用

在投资领域中，风险共担是一种通过分散风险来减少个别投资者的潜在损失的策略。这种做法广泛应用于金融市场、投资管理以及保险业等领域。以下是风险共担策略在投资领域的应用：

投资组合多样化

投资组合多样化是投资者通过构建包含多种资产类别（股票、债券、基金等）的投资组合，降低单一资产波动对整个投资组合的影响。如果某一类资产价值下降，而其他类别的资产表现稳定或增值，就能平衡整体风险。保险是风险共担的经典例子。保险公司通过收取保费，集合大量客户的资金，以此来弥补个别客户因意外、灾难或其他保险事件导致的损失。

共同基金和指数基金

投资者可以购买共同基金或指数基金份额，这些基金跟踪特定的市场指数或投资于多种资产组合，使单个投资者能够分散风险而无须直接持有大量不同的证券。企业之间也可以通过合作项目或成立合资企业来共担风险和资源。在这种合作关系中，参与方共同出资，按协议分摊收益和风险。

股神巴菲特的零花钱计划

巴菲特是世界上非常有名的投资大师。当他还是小孩子的时候，他的父亲就教给他一些关于家庭经济的重要道理。

巴菲特特别想要一辆自行车，但是他的父母并没有直接给他钱去买。而是告诉他，他可以通过做家务来赚取零花钱。于是，小巴菲特开始努力帮忙打扫院子、洗碗筷等。每完成一项任务，他就能得到一点零花钱。

经过一段时间的努力，他终于攒够了钱，买到了自己心爱的自行车。

从这件事情中，巴菲特明白了，想得到自己想要的东西，就需要通过劳动付出，并且要学会合理地存钱和花钱。

小朋友们，这就是一个简单的家庭经济学小故事，它告诉我们要通过努力工作来获得自己想要的东西，还要学会管理自己的零花钱哦。

马云的节约习惯

马云是一位非常有名的企业家。在他小时候，家里的经济条件并不是很好。有一次，马云想要买一本自己非常喜欢的漫画书，但是价格对于当时的他来说有点贵。他的妈妈就告诉他，如果真的想要买，就得从每天的零花钱里节省一部分出来。

于是，马云每天都尽量少买零食，把省下来的钱一点点攒起来。

过了一段时间，他终于攒够了买书的钱，买到了那本漫画书。

通过这件事，马云明白了节约和积累的重要性。在后来创业的过程中，他也一直保持着这种珍惜每一分钱，并让钱发挥最大作用的习惯。

小朋友们，我们也要学会节约，把钱用在真正重要的地方哟！

陶侃的故事

东晋时期的陶侃，年轻时曾任管理渔业的小官。他非常珍惜时间，在工作之余，他会想办法增加收入。有一次，他把官府造船剩下的木屑收集起来。不久后，当地下了一场大雪，道路泥泞。陶侃便让人把木屑铺在路上，方便人们行走。另外，他还把官府造船剩下的竹头保存起来。后来，需要修理官府的船只时，这些竹头正好可以用来做竹钉。

陶侃通过对看似无用的木屑和竹头的合理利用，为官府节省了开支，同时也展现了他善于观察、懂得节约和物尽其用的品质。

这个故事教导我们在生活中要学会观察和思考，不浪费资源，善于发现事物的潜在价值，从而更好地利用资源。

少年趣读漫画经济学

商场经济学

吕晖 隋林汐◎编著

中国旅游出版社

选题策划：超美文化
责任编辑：胡一鸣
责任印制：冯冬青
插图制作：澜星纪元
装帧设计：天下书装

图书在版编目（CIP）数据

商场经济学 / 吕晖，隋林汐编著. — 北京：中国旅游出版社，2025. 1. —（少年趣读漫画经济学）.
ISBN 978-7-5032-7453-4

Ⅰ. F710-49

中国国家版本馆 CIP 数据核字第 2024VT1056 号

书　　名：少年趣读漫画经济学 · 商场经济学

作　　者：吕晖　隋林汐　编著
出版发行：中国旅游出版社
（北京静安东里 6 号　邮编：100028）
http://www.cttp.net.cn　E-mail: cttp@mct.gov.cn
营销中心电话：010-57377103　010-57377106
读者服务部电话：010-57377107
排　　版：澜星纪元
经　　销：全国各地新华书店
印　　刷：三河市腾飞印务有限公司
版　　次：2025 年 1 月第 1 版　2025 年 1 月第 1 次印刷
开　　本：710 毫米 × 1000 毫米　1/16
印　　张：21
字　　数：23 千
定　　价：120.00 元（全 6 册）
ISBN 978-7-5032-7453-4

前言

本书共6册，分别为《家庭经济学》《生活经济学》《校园经济学》《社会经济学》《商场经济学》《理财经济学》，主要面向的读者群体为高年级小学生、初中生。

本书最大的特点就是贴近学生的阅读习惯，兼具趣味性、可读性和专业性，采用通俗易懂的语言和生动有趣的宫格漫画相结合的形式，表述方式活泼生动、易于理解，带领孩子走近经济学。

书中呈现了大量经济史上的关键人物、典型原理、经济学思维等与学生生活紧密联系的例子，不仅使货币、理财、通货膨胀、通货紧缩、成本思维、折现思维等专业的经济学内容利于理解，还有积分等经济学方法，让学生能够学习实用的经济学知识，重塑对财富、经营、理财等的认识。

书中还融入了投资、理财、决策等多种策略，让学生发现有时“时间成本比金钱成本更昂贵”，从而学会在学习、生活中做出“最优选择”。书中也介绍了商店的各种吸引顾客的方式，使学生真切领悟智慧经营背后的原理，从而学以致用，培养理性消费的习惯。

目录

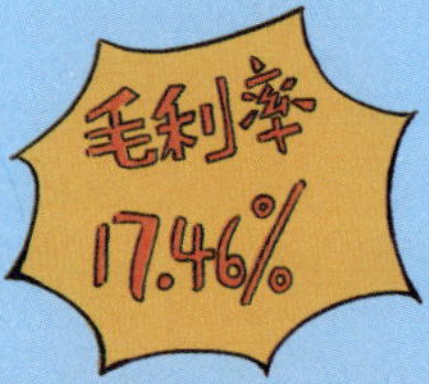

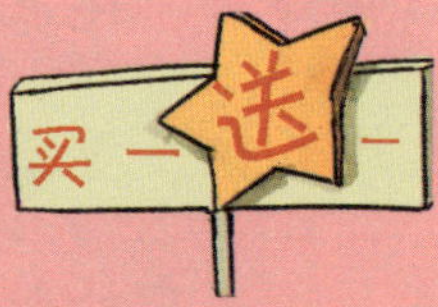

人物介绍

姓名：田甜　性别：女
年龄：10 岁
性格特点：开朗，乐观，充满活力，善于表达自己的需求和想法。

姓名：乐乐　性别：男
年龄：10 岁
性格特点：善良，热心，有责任心，善于发现问题并乐于思考。

姓名：唐欣　性别：女
年龄：10 岁
性格特点：活泼开朗，喜欢追求时尚，有主见，敢于表达自己的想法和感受。

姓名：吴迪　性别：男
年龄：10 岁
性格特点：好奇心强，善于思考，有责任心和团队精神。

第一章　市场

上帝也买我的货

愉快的假期就要开始了，远在外地的小姨要带着弟弟回来玩，乐乐一听高兴极了。他计划买一架航模飞机作为礼物送给亲爱的弟弟，相信弟弟收到礼物一定特别开心。

乐乐来到商业街，却发现周围竟然没有一家与航模飞机相关的店铺，这可怎么办？如果能够买到一架特别的航模飞机该多好，弟弟一定会特别开心。突然，乐乐发现马路对面有一家大型商场，想到商场里应该有卖航模飞机。此时红灯变绿，乐乐快速通过马路，内心暗暗祈祷：商场里一定有我想要的航模飞机呀。

站在商场入口，看着来来往往的消费者，乐乐不禁加快了脚步，进入商场后，果然发现一家店出售航模飞机，乐乐惊喜地朝店铺奔去。

走进店铺，面对琳琅满目的航模飞机，乐乐看得眼花缭乱。乐乐选中一款心仪的，但是它的标签价格十分昂贵，而且没有任何的折扣。但因为这里是唯一卖航模飞机的店铺，乐乐只能买下。

案例中的经济学智慧

完全垄断就是“卖主唯一”，它指的是经济中一种特殊的情况，即一家厂商控制了某种产品的销售市场，并且没有类似替代品的市场结构。

在完全垄断的市场结构中，经济学智慧体现在对市场机制的深刻理解和对企业行为的精准预测。在垄断市场中，企业会根据自身的成本结构和市场需求来设定价格和产量。由于垄断企业面临的需求就是市场的总需求，因此它们在定价时会考虑到它自身的边际成本和边际收益的关系，以及如何最大化自身的利润。通过对这些因素的研究，经济学家和政策制定者可以更好地设计出提升效率和促进公平的市场规则。

经济学小课堂

完全垄断市场必须具备以下几个条件：

1. 市场上有且只有这一家企业。

2. 没有相似的替代品可以代替这个企业的产品，其他企业想要完全进入垄断市场存在一定的困难和阻碍。

更多的经济学应用

在现实世界中，很难找到长期完全垄断市场的案例，因为即使是在某个特定领域内的唯一供应商，通常也会受到潜在的竞争、替代产品的威胁或政府法规的制约。但以下可以被视为具有垄断特征的案例：

公用事业

如当地的电力和自来水供应。这些通常是由单一实体控制，因为它们依赖于大规模的基础设施，如电网和水管网络。

某些高科技产品

在技术行业，特别是在软件和硬件领域，一家公司可能会拥有某项特定技术的唯一使用权。例如，微软因在 20 世纪 90 年代和 21 世纪初拥有市场上唯一的 Windows 操作系统就曾被看作接近垄断地位。

专利药物

当一家制药公司拥有某种药物的专利权时，它可以在该专利有效期内独家生产和销售该药物。例如，用于治疗罕见疾病的药物可能只有一个生产商。

少数决定多数

一天下午，妈妈正在家打扫卫生，突然接到电话，原来是姑姑一家想要来做客。妈妈决定晚上涮火锅，可发现家里并没有足够的食材。

面对空空如也的冰箱，乐乐十分着急，说：“总不能让姑姑他们带着菜来吧。”妈妈慈爱地摸了摸乐乐的头，淡定地说：“放心，我有办法。”乐乐纳闷了，妈妈能有什么好办法呢？

过了一会儿，妈妈晃了晃手机，笑着说：“稍等一会儿，菜品马上配送到家。”“不用出门买菜，超市里的菜还能自己到家？”乐乐疑惑极了，这可是他从来没有听说过的。

原来，乐乐家周边的商场中有几家大型连锁超市开通了外送服务，这几家超市凭借着强大的资金实力和物流配送体系，几乎垄断了周边地区的全部生鲜配送市场。消费者别无选择，只能通过他们的平台下单购买需要的商品，然后由专人送货上门。

随着水渐渐烧开，火锅底料被倒入锅中，一股浓郁的香气顿时扑鼻而来。大家纷纷将自己喜欢的食材放进去，看着它们在热腾腾的火锅中翻滚，所有人不禁垂涎欲滴。在等待食材煮熟的过程中，大家围坐在一起，谈笑风生。

案例中的经济学智慧

寡头市场是指一种商品的生产和销售由少数几家大厂商所控制的市场结构。以下是寡头市场的几个特征：

1. 产品同质性：在寡头市场中，各个公司生产的产品基本上是同质的，产品之间没有显著的差异，如基本的化学制品或汽油。

2. 有限竞争者：竞争者数量相对有限，市场通常由几家大公司主导。

3. 市场份额集中：由于竞争者数量有限，这些公司通常拥有较大的市场份额，能够对市场价格和产量产生显著影响。

经济学小课堂

寡头市场介于完全竞争和垄断之间，它结合两者的一些特点，但又有自己的特性。在这种市场结构中，由于竞争者数量有限，每家公司的市场行为都会对整个市场产生重要影响。

更多的经济学应用

寡头垄断市场结构在许多行业中有实际应用，这种市场形态通常出现在经济规模显著、市场进入壁垒高且仅有数家企业占据主导地位的行业。具体应用实例有：

汽车产业

全球汽车市场由几大汽车制造商控制，如丰田、大众等。由于汽车行业需要巨额的资本投入、高度的技术发展和巨大的制造规模，新企业很难进入并与现有的巨头竞争。

航空业

在某些区域或航线上，因为飞行路线、航班频率等方面的协同作用，可能只有几家航空公司提供服务。

移动通信行业

移动电话服务市场通常由少数几家主要运营商所控制，如中国移动和中国联通。

争出来的公平

一个周末的早晨，乐乐和妈妈走进一家热闹的大商场，开启了一天的购物之旅。商场内人头攒动，各种商品让人眼花缭乱，乐乐和妈妈也不由自主地兴奋起来。

在繁华的时尚区，各式品牌的店铺整齐地排列在两旁。顾客们络绎不绝，他们的目光从店铺的橱窗中扫过，搜寻着最新款式的流行物品。

乐乐说："这里的店铺也太多了！"

妈妈说："是啊，这里竞争很激烈哦。"

而后乐乐环顾四周，发现每一家都在销售着风格相似的衣服，连价格也相差无几。乐乐说出自己的想法，妈妈却笑着说："这样才好，顾客才能买到性价比更高的衣服。"

乐乐恍然大悟。商家们通过公平的方式展开健康竞争，没有操纵价格，使市场环境平和稳定。

妈妈以一个简单的比喻解释了市场经济中的"完全竞争"，让乐乐了解到商家之间的竞赛就像孩子们的比赛一样自然。

案例中的经济学智慧

完全竞争是指资源配置完全靠市场机制自我调节的一种市场结构。

1. 完全竞争市场中的价格由市场供需关系决定，企业无法自主控制价格。因此，各个时尚品牌所提供的产品在消费者眼中没有显著差异，意味着这些品牌的产品在风格、质量和价格等方面都十分相似。

2. 完全竞争市场中的产品同质化，企业无法通过差异化产品来获得优势，必须不断寻找提高效率和降低成本的方法，保持竞争力。这推动了生产方式的改进，也鼓励了企业优化管理和服务，以吸引顾客。

经济学小课堂

在完全竞争市场中，消费者受益于低价、多样选择和高质量产品。企业竞争激烈，推动成本效率提升和新产品开发，以吸引顾客，从而确保消费者能以公平的价格获得他们所需的商品和服务。

更多的经济学应用

完全竞争市场是一种理论模型，其中包含了很多理想化的假设，如产品同质、自由进入和退出市场等。在现实生活中，很难找到符合这些严格条件的市场，但有一些市场近似于完全竞争市场：

农业市场

特别是基本农作物如小麦、玉米、大米这类产品，由于它们是同质化的，并且有大量生产者和消费者，因此比较接近完全竞争市场。

商品交易市场

如黄金、白银、原油等大宗商品的国际交易市场，由于它们具有高度的标准化和全球范围内交易者的参与，也接近于完全竞争市场。

渔业市场

在一些地区，特别是在鱼类资源丰富且没有捕鱼限制的情况下，捕捞特定鱼类的渔民可能面临激烈的竞争。

第二章　供需平衡与价格调控

“明码标价”的公平

在一个阳光明媚的周末，吴迪跟着妈妈去胖东来商场购物。突然，吴迪注意到一个玩具的标签上写着进货价和售价两个数字。吴迪感到疑惑：“为什么不能按进货价卖？”

妈妈拿起一件毛衣，解释道：“你看这件毛衣，除了进货价，还要支付采购税。采购税就像是给国家的‘感谢费’，因为我们使用了国家的资源和服务。而且商场不仅要进购商品，还要赚钱来维持店铺的运营、支付员工工资等。如果商品都按照采购价卖，商场就没有钱来运营了。”

一周后，学校组织公益活动，吴迪决定和小伙伴制作柠檬水筹款。大家为定价犯难时，吴迪运用妈妈教的成本导向定价法，算出每杯柠檬水成本 3 元，建议定价 5 元。活动当天，柠檬水受到同学们的称赞，吴迪成功地筹到了款。

妈妈回家后夸奖吴迪做得好，吴迪也表示，这次活动让他更明白成本导向定价的重要性，以后他也要继续用经济学知识指导决策。吴迪和小伙伴们的努力不仅帮助了别人，也让他们收获了宝贵的经验。

案例中的经济学智慧

成本导向定价是用商品的成本加上商家想要的利润来设定商品的价格。

1. 妈妈向吴迪解释了成本导向定价的基本原理。进购价、采购税和商家的运营利润，这些都是商品定价时需要考虑的因素。采购税作为国家的税收，是商家在运营过程中必须承担的成本之一。

2. 吴迪注意到，标签上还有一个“毛利率”。妈妈告诉他，毛利率反映了商家在销售商品时赚取的利润与商品成本的比例。毛利率是商家维持运营和获取利润的关键因素之一，毛利率的设定对商家的盈利能力和长期发展至关重要。

经济学小课堂

成本导向定价相比于其他的定价方式稳定性强，不易亏本。但仅从成本出发，可能会导致价格与市场需求脱节。

更多的经济学应用

除了上述案例中的作用，成本导向定价还有以下这些作用哦！

帮助商家赚钱

商家做生意的目的是赚钱。如果商品的价格太低，低于成本价，那么商家就会亏损，无法维持生意。成本导向定价可以帮助商家计算出商品应该卖多少钱，合理的定价才能让他们赚到想要的利润。商家以此制定价格策略，避免亏本或者赚得太少。

让顾客觉得公平

如果商家定价过高，超过了商品的实际价值，消费者就会不满，认为自己被欺骗了。而成本导向定价要求商家在定价时，要考虑到商品的成本，避免价格过高，让消费者买到价格合理、质量有保证的商品，从而保护消费者的权益。

帮助商家做出决策

通过成本导向定价，商家可以更清楚地了解他们的成本和利润情况。这样，他们就能更好地做出决策，比如要不要进货、要不要做促销活动等。

"趁火打劫"的公平

唐欣和妈妈一起去逛商场，想要买一双鞋。商场内，唐欣和妈妈走进一家品牌店。她一眼就看到了一双心仪已久的名牌鞋，兴奋地叫来销售员阿姨。销售员阿姨迅速找出 35 码递给唐欣，唐欣一试穿，发现自己常穿的尺码竟然不合适了。

销售员阿姨看了一眼，又拿出一双 36 码的给唐欣。唐欣换上后，脸上露出满意的笑容。正当唐欣准备拉着妈妈去付款的时候，却在查看价格标签时惊讶地发现，不同鞋码的价格竟有显著的差异。唐欣十分不解，为什么一样的鞋子尺码不同价格就不同？

妈妈耐心地解释："虽然鞋子的成本可能相差不大，但是不同鞋码的市场需求是不同的。比如，有些鞋子男生穿得比较多，那大码需求量就大，品牌商可能会根据这个现象提高大码鞋的价格。而少数人买的小码就适当降价，吸引部分女性消费者购买。"

原来，这其实是一种定价策略，叫作需求导向定价。简单来说，就是根据市场上的需求和供应情况来设定价格。需求量大，价格就会相应地上涨，这样调整价格，商家就会获得更大的利润。

案例中的经济学智慧

需求定价导向是基于市场需求和供应情况来设定价格，而非仅考虑成本。当市场需求量大时，价格会相应上涨；反之，价格会下降。这种定价策略有助于品牌商更好地满足消费者需求，实现利润最大化。

唐欣在经历这次购物后，意识到了价格并非仅由成本决定，而是受到多种因素影响。这使她在以后的购物过程中变得更加理性，更加仔细观察价格的不同，后来她发现不仅鞋类存在这一现象，眼镜业、服装业等其他行业也存在。

应该根据自己的需求和预算做出明智的选择，避免被不合理的定价所误导。除此之外，也要关注商家的定价策略，避免被不合理的定价所蒙骗。只有理性消费，才能真正实现个人和社会的可持续发展。

经济学小课堂

需求导向定价更贴近市场，能够做到利润最大化。但前期市场调研成本高，定价策略也较为复杂。

更多的经济学应用

需求导向定价作为一种灵活的市场定价策略，有一些重要的用处：

提升市场反应速度

需求导向定价允许商场根据市场需求的变化迅速调整价格。当市场需求增加时，商场可以提高价格以获取更高的利润；反之，商场可以降低价格以刺激消费。

优化资源配置

商场通过调查哪些产品在市场上更受欢迎，调整生产计划和资源配置。这有助于商场避免库存积压和浪费，提高资源利用效率。

增强品牌差异化

高端品牌可以通过提高价格来塑造独特的品牌形象，吸引追求品质和独特性的消费者；而经济型品牌则可以通过提供具有竞争力的价格来吸引价格敏感的消费者。

“齐头并进”的公平

周末，吴迪和爸爸约好一起去家附近的超市购买零食，吴迪拉着爸爸的手兴奋地走进了超市。零食货架旁，吴迪看到琳琅满目的汽水架，眼睛一亮，注意到一个现象：这些汽水虽然品牌不同，但价格似乎都差不多。

吴迪问这是为什么，爸爸回答：“虽然这些汽水品牌不一样，但尽量保持价格接近。这样顾客在选择的时候，就不会因为价格高低而纠结，可以选择自己喜欢的品牌和口味。”

吴迪若有所思，眉头皱得更深了。他疑惑地问："那他们怎么决定价格呢？"

"这些公司会观察市场上其他竞争对手的价格，然后设定一个差不多的价格。因为他们知道，如果自己的价格太高，顾客可能就会买别的品牌的汽水；而如果价格太低，虽然能吸引顾客，但可能会赚不到钱或者亏本。"爸爸耐心地解释道。

吴迪恍然大悟般点了点头。

这一现象就叫作竞争导向定价。除了价格外，品牌方还会在味道、包装和广告上做文章，让顾客选择自己的品牌。

案例中的经济学智慧

竞争导向定价就是商家看对手怎么定价，然后再根据对手的价格来决定自己的价格。

吴迪观察到，尽管汽水品牌不同，但它们的价格相近。这反映了市场上的一种价格均衡状态，即不同品牌的汽水制造商都在试图找到一个能够吸引顾客同时又不至于引起价格战的平衡点。

在价格竞争受限的情况下，企业会通过提升产品质量、改善服务或增强品牌形象等方式来获得竞争优势。这是一个持续的过程。成功的企业会结合短期价格策略和长期品牌建设，确保既能应对当前市场竞争，也能持续发展。

经济学小课堂

竞争导向定价相比其他定价模式，能够迅速响应竞争对手的价格变动，保持市场竞争力，对市场的适应性强。但同时它会导致商家过于关注价格，容易陷入价格战。

更多的经济学应用

竞争导向定价是一种很常见的定价策略，它的作用不仅仅是帮助公司找到合适的价格，还有以下几个方面：

避免价格战

如果一个公司的价格太高，顾客可能会选择其他品牌的产品；如果一个公司的价格太低，其他公司可能会以更低的价格来吸引顾客，这样就会引起价格战。通过竞争导向定价，公司可以避免这种情况，保持市场的稳定性。

提高市场份额

通过观察竞争对手的价格并设定自身相似产品的价格，公司可以吸引更多的顾客，从而提高自己的市场份额。

提升品牌形象

合理的价格可以提升公司的品牌形象。如果一个公司的价格总是高于市场平均价格，顾客可能会认为它的产品质量更好；如果一个公司的价格总是低于市场平均价格，顾客可能会认为它更加实惠。

第三章　商场布局与销售策略

“棉衣”哪去了？

春天来了，但有时还很冷。周末，唐欣和妈妈一起去商场，打算买一件既时尚又保暖的棉衣。唐欣心想：这一次，我可要仔细挑一件好看的衣裳。到达商场后，她和妈妈就直接前往服装区，心中充满了对新棉衣的期待。

然而，令唐欣失望的是，商场内大部分显眼的位置都被摆放上了春季的新款服饰，这些服饰大多色彩鲜艳、款式轻薄，显然不适合当前的天气，但是，仍然有很多人正在挑选和试穿这些春季新款衣服。

唐欣和妈妈又在前几排的货架上仔细找了找，没有找到想要的棉衣，反而看到更多比较单薄的春季衣服，而且价格也比较贵。

唐欣和妈妈绕过这些春季新款，来到商场后面较为偏僻的区域。在一个不太起眼的角落里，她们找到了冬季服装。然而，这些棉衣的样式单一，没有春季新款那么吸引眼球，所以很少有人在这里购买。唐欣感到疑惑不解：这是为什么呢？

案例中的经济学智慧

首因效应，由美国心理学家爱德华·索恩提出，指的是人们在评价一个人或事物时，会把第一次印象作为重要的参考，这种第一印象是鲜明的、强烈的、过目难忘的。

1. 消费者进入商店后，往往会先关注显眼的区域，这是由于人的视觉注意力自然而然地集中在新颖、突出或是光线明亮的物体上。因此，商场利用这一心理特征，吸引顾客的注意力。

2. 商品陈列在显眼的位置，能够提高商品的可见性，即使价格比较贵，很多人也愿意去购买。唐欣看到的春款衣服虽然价格都比较贵，但是更多的人还是选择去买春季的衣服。由此可见春季的衣服与季节的变换相吻合，因此市场需求量比较大。

经济学小课堂

首因效应会影响我们对事物的印象，当我们走进商场时，往往会被一些鲜艳、显眼的区域或者商品所吸引，我们要真正考虑一下自己是否需要。

更多的经济学应用

不同种类的商场对于商品的摆放也不一样。

时尚潮流

当我们想要买一些比较时尚的东西时，可以根据商场对商品的陈列布局来进行考虑和选择。比如“爆款”的商品更多摆放在最显眼的位置，这些商品一般还搭配着丰富多彩的营销，商场可能会联合供货商来一起推广。

电子产品、化妆品和珠宝

在商场内部，我们通常会发现电子产品、化妆品和珠宝等高利润商品的店铺位于显眼的位置，如商场入口或楼层交会处。因为这些店铺往往有更高的租金承受力，商场通过将这些店铺安排在显眼的位置，帮助它们吸引更多的消费者前来消费。

日常必需品如食品、饮料等

日常必需品如食品、饮料等，它们的需求弹性较低，无论价格如何变动，大家都会购买。因此，这些商品通常被放置在商场的深处或不易直接到达的区域。

能喝完这么多“酸奶”吗？

周末到了，妈妈为了让乐乐放松一下，答应带乐乐去逛商场。一进商场大门，乐乐就被一楼的酸奶促销摊位吸引了。乐乐和妈妈走近一看，各种各样的酸奶琳琅满目，乐乐平时最爱喝酸奶，于是，就想让妈妈给他买酸奶喝，妈妈问乐乐：“你喜欢什么味道的？”

乐乐挑选了自己最爱喝的草莓酸奶。突然，乐乐发现酸奶标牌上写了“买一送一”的字样，乐乐问妈妈：“这是什么意思？”妈妈说：“就是你买这盒草莓酸奶，还能再免费送你一盒呢！”

乐乐咧开嘴巴，大笑着说："还有这样的好事？买一盒，还送我一大盒，那我不是赚了吗？"商场的销售员趁机说："小朋友，这可比平时划算多了！多买点儿吧！"乐乐听了，立刻又拿几大盒酸奶，放进了购物筐里。

之后，乐乐和妈妈继续逛商场。逛到衣服区时，乐乐惊讶地发现，现在虽然已经是春天了，可是有很多冬装正在搞活动，这些冬装也和刚刚买的酸奶一样，标着"买一送一"的字样，乐乐心想：这是为什么呢？为什么今天在商场里总是能看见"买一送一"？

案例中的经济学智慧

为了吸引消费者的关注、提升消费者的购买意愿并促进销售，很多商家会根据自身特点和市场需求，采用丰富多彩的促销手段，以此营造紧迫感，促使消费者尽快下单购买。

1.“买一送一”其实是为了防止商品滞销。酸奶保质期较短，过期的酸奶只能变成商场的损失。这个时候，把新、老日期的酸奶绑在一起卖，不仅把新酸奶给卖出去了，剩余的酸奶也跟着卖出去了，这样不但不赔本而且会赚钱。

2. 更能抓住人们的心理，使他们掏钱购买商品，超市的盈利也会更大。商场用这样的方式成功抓住了人们的消费心理，很多人只看到“买一送一”的优惠，忘记了自己是否真的需要购买。

经济学小课堂

商场里的商品丰富，但在价格上却不比网购的东西便宜，人们想要购买的商品是有限的，所以每天都有许多商品卖不出去。为了凸显优势，就需要通过促销来吸引顾客的购买欲望。

更多的经济学应用

商场里有这么多商品，作为消费者，我们应该怎样辨别呢？

不贪便宜，留意商品日期

“买一送一”的商品主要是保质期较短的奶制品、饮料、水果、熟食和面包等食品，是超市为了避免出售过期食品而采取的一种促销行为，这种促销方式在商场里非常普遍，一些粗心的消费者往往会忽略食品的保质期限，不考虑实际需求大量采购。我们在购买的时候一定要注意产品的生产日期，防止买到过期产品。

理性购买，根据需要决定

一进商场，我们会看到很多特价商品，不要冲动购买，或者看到促销就一次性购买太多的东西，因为我们购物的时候很可能会受到心情的影响，事后才发现很多东西都不需要，从而导致浪费。

上下“联动”，你心动了吗？

田甜考了满分。放学回家，她给妈妈一个劲儿地炫耀，还撒娇要奖励说：“妈妈，是不是应该奖励我一个大鸡腿？”妈妈笑逐颜开地答应了。可是，家里没有鸡腿了，妈妈又觉得去商场买很麻烦，不想出去。

妈妈想到了一个聪明的主意：在线购物。妈妈打开电脑，登录了一家线上商场。她在搜索框中输入“鸡腿”，屏幕上立即出现了各种品牌和口味的鸡腿。妈妈选择了一款新鲜、健康的鸡腿产品。她确认了地址、数量和付款方式，单击了“购买”按钮。

一会儿门铃响了，原来是快递员送来了订购的鸡腿。快递员微笑着递给妈妈一个包裹，并告诉她这是通过快速配送服务送达的，食品确保新鲜。妈妈向快递员表示了感谢，高兴地收下了包裹。

妈妈拆开包裹，里面装的是一袋包装精美的鸡腿。她拆开包装，检查了一下，发现鸡腿仍然保持着低温，肉质非常新鲜。妈妈将鸡腿处理后，放入烤箱。很快，美味的鸡腿出炉了，妈妈将鸡腿端上餐桌。田甜啃着诱人的大鸡腿，心里美极了。

案例中的经济学智慧

线上购物已深入人们的日常生活，成为现代消费方式的重要组成部分。消费者通过购物网站选择商品并下单，通过电子支付完成交易后，物流公司将商品送到消费者手中。

田甜妈妈想要给田甜买鸡腿，但是又考虑到去外面买鸡腿所花费的时间、精力和交通成本，所以最后选择了在线购买鸡腿。妈妈通过线上购买，节约了时间，满足了田甜的心愿。线上和线下相结合的销售模式，既满足了大家的消费需求，又增加了商场的销售额。

经济学小课堂

线上购物具有价格透明优惠、商品丰富多样等特点。随着互联网技术的发展，线上购物平台更注重个性化推荐，以满足消费者需求。在购物节活动期间，消费者可以在线上享受更加优惠的价格和更为丰富的商品。

更多的经济学应用

线上购买带给人们很多便利：

购买外地产品

当我们想要买一些外地的产品，但是又不能直接到那个地方买的时候，可以考虑通过线上购买的方式来实现自己的消费需求。这样不仅节约购物时间，还能免除购物疲劳，不用到大街去东奔西走，省时又省力。

线上“货比三家”

线上购买还能让我们进行比较全面且省力的“货比三家”。比如，我们要买一件衣服时，想知道不同的商场同一件衣服的价格，那么可以通过线上的商场进行价格的对比。此外，线上商品种类齐全，一个页面就直观清晰地描述出这种产品的基本参数和数据，让你清晰地了解它的特性。并且网上商城里包括了几乎所有你能想到的东西，兴许你无意间就找到了一件自己中意很久的东西。

第四章　市场需求与业务类型

独具慧眼的货物魔法师

随变创意玩具公司擅长捕捉不同客户群体的独特品位和需求，为其量身打造一系列符合他们喜好的玩具产品。无论是高端精品商场，还是遍布街头巷尾的中型连锁超市，抑或是价格亲民的大型卖场，随变的玩具都能找到自己的位置，满足不同层次消费者的需求。

在高端精品商场里，随变创意玩具公司提供了一系列顶级的乐高益智玩具、平衡车、虚拟现实设备等前沿科技与教育相结合的玩具。这些玩具不仅拥有卓越的品质，还兼具了丰富的教育意义，能够激发儿童的思维能力和创造力。

对于注重性价比的消费者，中型连锁超市则提供了功能全面、价格适中的电子学习玩具，还有遥控车、拼插积木等玩具，既满足了孩子们对于娱乐的基本需求，又在玩乐中融入了教育元素，让孩子们在不知不觉中学习新知识。

至于那些对价格极为敏感的顾客，平价大卖场便是他们的首选。在这里，随变创意玩具公司提供了琳琅满目的经济型塑料玩具，如彩色积木、动漫角色玩偶等产品，虽然价格便宜，但安全性和环保性绝不马虎。

案例中的经济学智慧

供应商的核心目标只有一个：为客户服务。供应商对市场需求的敏锐洞察、合理的价格策略、高效的生产方式、优质的产品和服务、强大的创新能力、有效的供应链管理、良好的合作关系和社会责任等方面，决定了供应商在市场经济中的竞争力。供应商在进行产品供应时，要围绕以下三个核心问题进行：理解客户的真实需求、设计供应链的运营模式、优化供应链结构。

需求型供应链是大势所趋。企业在做好供应时应让消费者参与进来，倾听消费者的声音，提供高度透明的信息，重视消费者的体验效果。

经济学小课堂

经济学中，供应商是指提供商品或服务的个人、公司或组织。他们在市场经济中扮演着重要的角色，决定了商品和服务的供应量、价格和质量。作为供应链中不可或缺的一环，供应商不仅支撑着企业的生产和运营活动，也影响着消费者的购买选择和满意度。

更多的经济学应用

供应商在将货物供应到不同的消费场所时，会考虑到目标人群的消费特点与需求，继而提供高质量、有吸引力的产品和服务。

提供学习资料和书籍

一些出版社会与教育机构合作，为学生提供各种学科的学习资料和课外阅读书籍。

提供体育器材

体育用品供应商会根据国家政策和社会导向，为教育机构提供一系列适用于学生的体育器材，如儿童篮球、足球、跳绳等。

针对学校学生宿舍

供应商了解宿舍的具体要求和采购计划后，提供性价比高的产品，符合学生预算，并确保供货及时，以适应学期开始的高峰期，如床上用品、个人护理用品等。

专业的物品收集大师

乐乐和妈妈在逛商场，乐乐的眼睛滴溜溜乱转。很快，一款外观时尚、功能先进的智能温控保温杯俘获了乐乐的心。

乐乐渴望能将它带回家。然而，妈妈仔细查看了价格标签后，劝道："这个保温杯要 200 元呢，太贵了，别买了吧！"

第二天，乐乐瞥见唐欣喝水，用的正是昨天他看中的那款保温杯。乐乐带着一丝遗憾和羡慕的语气说："昨天我也看中这款水杯，可是我妈说太贵了，不给我买。"

唐欣说："是吗？我妈妈说这个水杯要 100 元，她还特别提醒我要爱惜。"

乐乐听后不禁感到困惑，因为他清楚地记得那个水杯的标价是 200 元。

回到家，乐乐迫不及待地将这件事告诉了妈妈。妈妈给唐欣的妈妈打电话了解情况，终于弄清了事情的原委。原来，唐欣的水杯是她妈妈公司作为员工福利，以批发价统一采购的。

妈妈挂断电话后，耐心地向乐乐解释了批发与零售的区别，告诉他为什么同样的商品会有不同的价格。乐乐听得一知半解，仍在心里想：批发真的会那么便宜吗？

案例中的经济学智慧

批发是大量购进货物的商业模式。它主要指的是在生产者之间、生产者与商品经营者之间或商品经营者之间进行的商品交易活动。其主打廉价多销的策略，主要是看量。量与价通常成反比，即购买的数量越多，单价越低。

唐欣妈妈的公司以批发价购进水杯，数量多，价格就较为低廉。

总的来说，批发是供应链中的一个重要环节，它通过大规模的商品交易，连接了生产和零售，有助于降低商品成本，提高市场效率。在经济体系中，批发商扮演着重要的角色，他们通过大规模采购和分销，为零售商和产业用户提供所需的商品和服务。

经济学小课堂

对于消费者来说，批发可以以更低的价格购买到商品，尤其是在购买大量商品时，能节省不少开支呢。批发还能让消费者直接与供应商或批发商进行交易，这样可以更好地了解商品的来源和质量。

更多的经济学应用

批发在经济学中是商品流通和市场运作的重要环节，它在经济运行体系中扮演着关键角色。

企业采购

许多企业需要采购大量的原材料、零部件或办公用品等。通过批发，企业可以一次性购买大量的商品，从而获得更低的价格。这样可以降低生产成本，提高企业的竞争力。

零售商进货

零售商通常从批发商那里购买商品，然后再以零售的方式卖给消费者。批发商可以提供更大的采购量和更优惠的价格，帮助零售商降低成本并增加利润。

农产品批发

在农产品领域，批发市场起着关键作用。农民可以将他们的农产品批量销售给批发商，批发商再将这些产品转售给超市、零售商或其他买家。这样的批发市场有助于整合农产品供应链，提高交易效率，并确保农产品能够及时到达消费者手中。

身边的小小售货员

在一个小镇上，有两家便利店面对面经营，一家名为“速购”，另一家叫“便捷”。

“速购”便利店的店主李先生是个热情的中年人，他非常注重顾客体验，总是确保店铺里货架整齐、商品种类多样。他知道许多常客的名字和他们通常购买的商品，尽可能地为他们提供个性化的服务。例如，当天气预报说将要下雨时，他会多备一些雨伞；当地球队有比赛时，他会确保有足够的零食和饮料备货。

而“便捷”便利店的店主张女士更注重成本和效率。她采用了自助结账系统，减少了员工数量，以降低成本。店内的商品价格比“速购”便宜，但种类较少，装修也较为简单。

随着时间的推移，两家店的经营模式开始影响居民的消费选择。在忙碌的日子里，人们更倾向于快速地在“便捷”买完东西就走，享受那里的低价和自助服务。然而，在周末或节假日，许多人更喜欢去“速购”，与李先生聊天，享受那种被当作朋友对待的感觉，同时购买那些只在“速购”才有的特色商品。

随着季节的变化，两家店也开始尝试适应顾客的不同需求。夏天的时候，“速购”引入了新鲜水果和冷饮，成为附近居民消暑的好去处；“便捷”则引入了快递代收服务和在线订单配送服务，为需要快速购物的上班族提供了便利。

案例中的经济学智慧

零售就是将商品或服务直接销售给最终消费者，零售商需要了解消费者的需求，以及根据市场需求来调整商品的供应。

事例展示了如何通过不同的零售策略来满足不同顾客的需求。尽管竞争激烈，两家便利店通过各自的优势和市场定位，都找到了自己的客户群体和生存之道。

有特色才能脱颖而出，如果和其他店一样，大家可能就不会注意到你啦。

经济学小课堂

零售为消费者提供了更多的选择，无论是商品的种类还是品牌，都可以满足不同消费者的需求和喜好。而且，零售还能让消费者更方便地购物，就近买到自己需要的东西。另外，零售通常会有各种促销活动，消费者可以在这些活动中享受到更实惠的价格。

更多的经济学应用

零售在居民日常生活中的应用简直无处不在，满足了我们各种各样的生活需求。它不仅提供了物质上的满足，还为我们的生活增添了不少乐趣。以下是几种购买方式：

比价购物

在购买商品时，我们会比较不同零售商的价格，选择最划算的购买渠道。这就是利用了经济学中的成本效益原则。

优惠券使用

很多人会收集和使用各种优惠券，以获得更优惠的价格。这体现了经济学中的节俭和理性消费观念。

季节性购买

根据季节和需求的变化，我们会选择在合适的时间购买商品，比如在冬季购买冬季服装，在夏季购买夏季用品。这运用了供求关系的原理。

大萧条时代的思想灯塔

大萧条时期，全球经济陷入困境，传统的自由放任经济学理论无法提供有效方案，这一时期，凯恩斯主义逐渐兴起，它强调政府在经济中的积极作用。凯恩斯认为，市场无法自动恢复均衡，政府应通过财政政策和货币政策干预经济，刺激有效需求，以缓解失业和经济衰退。此外，大萧条也促使人们反思自由市场经济的局限性，认识到市场调节并非万能，需要政府进行必要的监管和调控。这些思想为后来的经济政策制定提供了重要参考，对全球经济治理产生了深远影响。

该理论在实践中更是得到验证，美国罗斯福政府通过实施大规模的公共工程项目、提供失业救济金和降低税率等措施，成功地促进了经济增长、恢复了就业。

瑞士的巧克力和钟表

瑞士是一个以巧克力和钟表闻名于世的国家。尽管瑞士不生产可可豆和钟表零部件，需要从国外进口，但瑞士却利用了自己的比较优势。瑞士的气候和地理条件并不适宜种植可可豆，也没有丰富的钟表零部件产业，但它拥有高效的生产工艺。因此，瑞士选择专注于巧克力和钟表的加工和制造，而将原材料的生产交给其他国家。这样一来，瑞士就能够充分发挥自己的优势，获得更高的经济效益。

虽然瑞士在巧克力和钟表的生产上具有比较优势，但它也深知全球化合作的重要性。瑞士企业通过建立全球供应链，从世界各地采购原材料和零部件，以确保生产效率和产品质量。同时，它们也积极开拓国际市场，将优质产品销往全球各地。这告诉我们，在经济活动中，在保持自己优势的同时，也要注意与其他方面的合作。

彼得·林奇的投资建议

彼得·林奇是著名的投资家，他的一条投资准则是：千万不要听信任何专业投资者的投资建议。他强调投资者要有自己独立思考的见解，因为“任何一位普通的业余投资者，只要动用 3% 的智力，就能超过华尔街投资专家的平均业绩水平”。这一观点鼓励投资者在投资过程中保持理性和独立思考。

虽然专家意见在某些情况下具有参考价值，但投资者应审慎对待。专家也可能犯错，他们的意见可能受到个人偏见、利益冲突或信息不完全的影响。因此，投资者在听取专家意见时，应保持警惕，并结合自己的分析和判断来做出决策。市场充满了各种信息，投资者需要具备辨别信息真伪、分析市场趋势和评估投资机会的能力。盲目跟随他人的建议或趋势，往往会导致投资决策的失误。因此，培养独立思考的能力，形成自己的投资理念和策略，是投资者在市场中取得成功的关键。